商界理想国

追寻当代的商业之美

程东升　郑义林　郭晓林◎著

ZHEJIANG UNIVERSITY PRESS
浙江大学出版社

目录

从总裁教育到构建总裁圈子

博商会元年

通过程东升等所创作的这一本书，我们将接触到一个新的企业家教育和社交组织——博商会。

2012年7月，我曾应邀到博商会讲课，期间近距离感受了这个商会组织的独特所在，它既不完全是商会，也不完全是行业协会，更不完全是同学会，而是一个介于行业协会、商会、同学会之间的新型组织。而最为关键的是，每一个参与其中的企业家都对博商会有着深深的认同与归属感。考虑到它仅仅才几年的时间，便已汇聚了近几万的企业会员，着实让我感到惊讶。

在中国，大多数企业在实际经营中普遍存在两个问题：一是管理，二是资金。特别对于中小企业来说，管理上缺乏经验和融资困难成为阻碍企业进一步发展的关键性制约。而博商会则针对企业这些关键需求，对自己的会员进行了有针对性的服务：（1）举办多种学习活动，帮助企业提升经营管理水平；（2）构建融资平台，帮助会员企业解决融资问题；（3）搭建市场信息发布平台，撮合会员间的交易。特别是2008年金融危机的背景下，博商会这些服务内容切实满足了会员企业们的实际需要，博商会在业务层面能够取得成功也当属情理之中。

序一

中国企业家
真正需要什么？

除此之外，博商会的目标并不局限于此，在这本题为《商界理想国》的书中，我们可以了解到博商会还致力于为企业家们提供精神上的支持，并通过博商会内部一系列商业规则的制定，试图推进"诚信、互助、开放、公平"的商业文明。从这些切实的努力中我们可以看出，博商会已经有了中国企业家"阶层觉醒"的范本意义。

　　长期以来，"中国企业家"本身就是一个令人纠结的身份，他们费尽心血经营企业，创造就业，缴纳税收，然而大多数时候却处在焦虑与不安之中，这是一个享有了财富却远没有得到安全、尊重与认可的阶层。

　　这种处境的形成有着复杂的社会原因，而在我看来，这是中国企业家尚未实现"阶层觉醒"前的必然要面临的多重困境：

　　与政府间的博弈——由于政府拥有强大的行政力量及对关键资源的支配权力，任何一个企业都无法回避掉与政府的联系，同时，这其中隐藏着巨大的风险，无数曾经成功的企业都在与政府的博弈中一败涂地，行政权力对于企业而言，永远是一把悬于头顶的达摩克利斯之剑；

　　与普通民众间的对立——特定的历史环境决定了中国企业家阶层的崛起要经过一个"野蛮生长"的阶段，然而很多企业在成长起来后并没有很好地进行自我反思与检讨，它们为了利润生产有毒食品，以发展之名污染环境，官商勾结暴力拆迁……正是这一系列的行为，使得企业家阶层在民众眼中都成为"利欲熏心、为富不仁"的代表。

　　企业家阶层内部的分裂——除了来自外部的风险与非议，企业家阶层内部同样也存在诸多问题。在短短几十年发展中，各行业的行业共识及行业规则远未形成，在这种情况下，行业下限不断被冲击以致拉低，这就是为什么"三聚氰胺牛奶""地沟油""塑化剂"会大行其道。在 "劣币驱逐良币"的过程中，许多恪守原则的企业反而经营困难，无以为继。特别是近几年投机之风盛行，实体经济每况愈下，更是挫伤了很多企业家的经营积极性。

与政府的博弈、与普通民众的对立、内部的分裂，让中国企业家们身心俱疲却又无话可说，因为这些困境的形成虽有外因但也源于企业家自身的"不自觉"。中国企业家们必须自己行动起来，去改善他们在这个国家的社会地位以及在公众间的形象，除此之外，别无他法。

我曾在一篇文章中这样建议中国的企业家们：当今的工商阶层——无论是称之为"商人阶层"还是"企业家阶层"——都必须从理性和制度的层面上思考自己的命运，思考有所作为的策略。以我浅见，有组织、不依附、结同盟、求独立，或是可以采用的十二字策略。

从这个角度，我们或可看出博商会的价值所在。它用一种商业理想将企业家们组织起来，在组织内部，企业之间相互扶助，共同应对经营的风险，而对外，他们又积极地传递"正能量"，与社会各阶层"修好"，这正是过去中国企业家长期忽略而没有做好的一课。

中国仍然处在一个不断变革的时代，中国企业家阶层理应在在未来的社会进步上发挥更大的功用，而像博商会这样的组织在企业家阶层联合上所作出的探索和努力，应该可以给我们不少的启发。

是为序。

财经作家、"蓝狮子"出版人

吴晓波

商会，作为市场经济背景下实现资源合理配置的重要环节，是商人与政府、商人与商人、商人与社会之间不可或缺的桥梁和纽带。商会有着政府和企业所无法替代的特殊地位和优势，可以弥补政府职能的不足，发挥企业代表的组织优势，自萌芽开始就一直在社会经济中扮演着重要的角色。目前中国商会主要分为两大类：一类是发轫于民间、产生于民营，由市场推动产生的商会，它们具有很强的时代特点和民间性、行业组织内生性；另一类是由于市场改革和政府职能的转变，从原来的政府行业管理职能机构转制而来的行业协会。当前这些商会普遍存在着会长缺乏管理经验、会员合作共事不够、集体凝聚力不强、会员队伍建设不够等等问题。

伴随着改革开放和市场经济的发展，博商会成立和发展，既不是一个简单的行业类协会，也不是一个以家乡情来凝聚的异地商会。在目标层面，博商会明确提出"商界理想国"的宏伟蓝图的构建。这里有三层含义：一是建立博商商业文明圈，引导企业之间对接互动，促进圈内上下游产业链的低成

序二

迈向商业文明
的理想国

本整合，同时兼顾企业与社会、企业与生态环境之间的和谐；二是成为博商企业家一站式的服务平台，包括个人、家庭和企业，为博商会员提供包括健康养生、女子教育、员工成长、人脉关系等方面的一站式服务；三是成为博商企业家心灵的港湾，从心灵层面为企业家从成功走向幸福架起一道桥梁。

马尔库塞曾在《单向度的人》一书中指出，现代工业社会技术进步给人提供的自由条件越多，给人的种种强制也就越多，这种社会造就了只有物质生活没有精神生活，没有创造性的麻木不仁的单面人。而时下浮躁、物欲横流的社会风气很容易把商业拽向一个唯利是图的尴尬境地，在很多人眼里，商业竞争意味着弱肉强食的丛林法则，所谓的合作也只是有你无我的零和游戏。物质诱惑驱使大众成为马尔库塞所说的单面人。在这样的背景下，提倡一种诚信、开放、平等、以社会道德和企业责任为准则的新商业文明显得尤为必要和及时。

在林则徐"睁眼看世界"170多年之后，在改革开放30多年之后，在中国加入WTO 10多年之后，越来越多的商人开始抛弃竞争关系中的丛林法则思维，开始用一个现代文明人的眼光来看待市场中各种纷繁复杂的关系。而博商会勾画的这幅蓝图，让我们充满期待。

从未有这样一个世界向我们敞开：这样一个经济繁荣、文明高度发展的社会，这样一个有着乌托邦般理想同时又具实际操作性的蓝图。我们愿意看到一个"精诚所至，金石为开"的新局面，同时也期待博商会在这风起云涌的市场经济、风波诡谲的商业竞争里散发出独特的光芒，像一股澄澈明媚的清泉，涤清商业圈里背信弃义、违背道德规则等等污浊现象，开辟出一条新的充满生命力的商会之途。

清华大学港澳研究中心特聘教授

享受深圳市人民政府特殊津贴专家

乌兰察夫

作为曾经的一名军人，我为自己的军旅生涯，感到无怨无悔；作为商海中的一名商人，能够"实业造国、成功经商"，感到慰藉人生；作为清华总裁班的一员、222班的班长，能够认识更多"自强不息、厚德载物"的清华同窗，与大家共学习、分享企业经营之道，感到非常荣幸；作为博商人的一员，我有幸和大家一同见证了博商会的成立、成长与发展，感到无比欣慰；作为深圳博商会的会长，我与遍布珠三角地区的7000多位博商人一同打造属于博商人的"商界理想国"，感到万分自豪！

任何商会的发展都离不开创新，博商会也一样离不开创新，博商人的"商界理想国"更加离不开博商人的创新。没有创新就无法在激烈的竞争中求生存、求发展，没有创新就无法在优胜劣汰的时代中立足。创新是人类特有的认识能力和实践能力，也是人类主观能动性的高级表现形式，同时是推动民族进步、社会和组织发展的不竭动力。一个民族要想走在时代前列，就一刻也不能没有理论思维，一刻也不能停止理论创新；一个组织要想走在社会前端，就一刻也不能没有理论观念，一刻也不能停止

序三

创新的博商人

理念创新。创新在当今经济、商业、技术、社会学以及建筑学等领域的研究中有着举足轻重的分量。"创新"意味着改革，既然改革被视为经济发展的主要推动力，促进创新的因素也被视为至关重要。

博商会自成立以来，不断创新、不断开拓，创造博商理念，营造博商氛围，博商人作为广大中小民营企业家的代表，"奉献、服务、分享"的博商人团结、拼搏，一直在走符合博商特色的博商之路。

博商人，"得势泰然、失事坦然、处事淡然"；博商人，"关注创新、着眼未来"。面对经济寒冬，博商人抱团、齐心协力抗"寒冬"，共同度过经济不景气阶段；面对遭遇困难的博商人，大家纷纷伸出援助之手"雪中送炭"，共同度过艰难时期；面对商海搏击，博商人寻找商机、创造商机，共同打造具有博商特色的博商商圈。

博商商圈，这是一个属于博商人的商业圈，汇聚了电子制造、五金塑胶、LED、手机、电子数码、酒店、法律、餐饮等各行各业，整合行业和产业链，整合博商商业资源，跨区域商务合作等，为博商人创造更多合作商机、共同经商。

商业是由消费者的购买行为和商业企业的经营能力所决定的，而商圈是商业物业吸引顾客的空间范围，也就是消费者到商业场所进行消费活动的时间距离或者空间距离。确定商圈需要从以下几个方面考虑：第一，商圈需要从体量、目的、位置等方面定义。商圈是一个群体，它的层次是多元化的。第二，消费群体。一个商圈若没有消费力，消费组合只是盲目地打造，也不能称为成功的商圈。第三，位置。商圈的关键要素在于便利性和消费环境，所以位置非常重要。第四，目的。打造商圈肯定有一个目的，开发商的目的是如何体现商业价值。第五，城市规划。通过商业的改造形成消费环境，聚集人气，这也是打造商圈的重要目的。

博商商圈由博商会员及其企业所组成，博商会员企业都是年过千万的中小民营企业，也有不少的上市公司。博商会就是由近万名博商会员，也就是数以万计的企业组成的商界组织，那么博商商圈每年所创造的总产值就更为可观——相当于整个东莞的GDP。博商人一直在不断创新，创造一个又一个惊人的博商奇迹。

博商慈善，这是博商人的慈善会，是一个由热心慈善事业的博商同学组织并自愿参加的非营利性公益社会团体。每年资助贫困学生近200名，"博商爱心图书室"项目在2012年如火如荼进行着，"知识改变命运，阅读照亮生命"正在改变渴求精神食粮的贫困学生的命运。这些还不够，博商人一直在探索、创新博商特色的慈善会。"博商爱心项目"正在酝酿中，从山区收购特产、农作物，以优惠价直销给博商近万名同学企业，在支持山区建设的同时，也为博商"造血"，一个能够"双赢"的慈善创举。

博商家庭是博商人的温馨港湾。这是一个博商人提供健康休闲、友情交流、增进博商友情的家园。博商兴趣委员会下属的高尔夫球俱乐部、羽毛球俱乐部、摄影兴趣俱乐部、篮球俱乐部、游泳及户外活动俱乐部、养生俱乐部等，都在丰富着博商人"百忙之余"的生活，快乐生活、健康生活。不断改革创新，寻找适合博商人的心灵居所，博商一直都在做着。

博商服务队是博商会的又一创举。博商企业家服务队是博商的义工团队，由爱心的博商企业家自愿组成，他们放下企业、放下家庭、放下身段，服务同学、服务博商；秉承博商精神，"有所为，无所求，与人为善，助人成功"，将博商大爱传向四方。

　　柏拉图努力使他的正义观念和幸福观念符合世俗的标准，最大可能地在理想国和现实国度之间架设起可以通达的桥梁。这也是他作为一个严肃的哲学家的标志。他不是对现实闭目不看而神游天外，冥想一种虚无缥缈的乌托邦，而是要对现实问题提出建设性的意见。博商人在现实与理想中取舍，探索符合博商理念的"商界理想国"，并与有着共同梦想的博商人构建"商界理想国"；与之携手创建柏拉图式的商界理想国度！

深圳博商会会长（创会）

石坤山

2012年9月，处于欧洲心脏位置的"欧洲之鹰"奥地利，开始反啄中国不诚信企业。或许是对中国某些企业的诈骗行为忍无可忍，或许是为旷日持久的欧债危机寻找矛盾转嫁，奥地利最高商会组织——奥地利联邦商会一下子就公布了近30家中国企业的"黑名单"，该商会称这些中国企业是不折不扣的"虚拟企业"，专营诈骗之能事，警告本国企业不要"再次上当"。

有商会的正义，就有产业的正义

此消息一出，震惊整个欧洲工商界，中国企业的国际诚信形象跌入低谷。我们分析这些"黑名单"企业，很多都是进出口贸易公司。由于长期以来，中国企业的诚信遭遇危机，历来贸易公司就是骗子最多的公司之一，正所谓"无商不奸"恣意泛滥，最终惹出了"国际事端"。近几年，中国企业一路高歌 "走出去"，很多骗子公司也滥竽充数、尾随出海，在国内骗得国人麻木了就骗到外国人头上去了。这些无良企业把市场秩序搞得十分混乱，在欧债危机中趁火打劫、招摇撞骗，令很多诚信经营的中国企业蒙受不白之冤，同时也让国人感到无比羞耻。

在诚信缺失的大环境中，如何有效约束企

业的行为，使之自觉走上诚信之路呢？深圳博商会摸索出了一条新路子，那就是搭建基于长期同学关系的信任平台，并在此基础上整合中小企业资源，积极打造"商界理想国"。商界理想国的根基就是博商同学的诚实互信关系，如果没有这一层关系，商界理想国将永远停留在理想而不会成为现实。

柏拉图在《理想国》中曾敏锐地提出："有个人的正义，也有整个城邦的正义。" 城邦由扮演不同角色的人来组成，如果每个人都能坚持做正义的事情，那么这个城邦就能够成为正义的城邦。博商会是一个综合性多功能跨区域的商会组织，虽然正处婴儿期，但是他们从一开始就坚持诚信、维系正义，努力缔造新型商业文明。

柏拉图在《理想国》中一度为吃亏的正义人大鸣不平。他说："正义的人跟不正义的人相比，总是处处吃亏。先拿做生意来说吧，正义的人和不正义的人合伙经营，到分红的时候，从来没见过正义的人多分到一点，他总是少分到一点。再看办公事吧，交税的时候，两个人收入相等，总是正义的人交得多，不正义的人交得少。等到有钱可拿，总是正义的人分文不得，不正义的人来个一扫而空。要是担任了公职，正义的人就算没有别的损失，他也会因为无暇顾及自己私人的事业而弄得一团糟。因为正义，他不肯损公肥私，也会得罪亲朋好友，因为不肯为他们徇私情干坏事。而不正义的人却处处相反。"

在市场竞争环境中，诚信的企业就好比是正义的人，不诚信的企业好比是不正义的人。诚信的企业跟不诚信的企业做生意，肯定是前者吃亏。吃了亏之后，大概会有这样几种结果：第一种结果，诚信的企业告发不诚信的企业，结果与不计其数的讼棍过堂，还是不了了之。第二种结果，诚信企业联合起来共同抵制不诚信的企业。第三种结果，诚信的企业走上极端，步上尔虞我诈的险途。可以说不诚信的企业是良好经济形势的害群之马。

博商会通过打造开放透明的诚信体系，严于律己、内外兼修，不断增强博商同学的深度互信，切实有效地解决了博商企业之间的诚信问题，他们通过企业诚信联盟共同抵制"黑名单"企业。只有解决了诚信问题，才能真正实现集中力量办大事。例如博商会集中博商同学的富余资金成立投资基金投资 LED 产业园、投资基础设施建设等，提供了一整条的产业链服务。可以说有商会的正义，就是有产业的正义。

出生于雅典城邦衰落时期的柏拉图，对于不正义的事情十分痛恨。柏拉图说："世界上有不讲正义的城邦，用很不正义的手段去征服别的城邦，居然把许多城邦都置于自己的奴役之下。" 博商会的创会团队曾任果、曾任伟等也有被骗的经历，所以他们对于不诚信行为也是痛恨有加。然而，一味的痛恨并不能解决实际问题，唯有痛定思痛，发挥"深圳速度"敢为人先寻找一条真正解决企业诚信危机的新路子，这才体现出真正的"企业家精神"。

博商会营造"商界理想国"，就是要建立一个高度诚信的"城邦"。在这个"城邦"里，校方扮演着牧羊人的角色，而博商会就像是忠诚的猎犬一样，时刻护卫着博商企业的利益。柏拉图说："对牧羊人来说，人世上最可怕最可耻的事情实在莫过于把那些帮助他们管羊群的猎犬饲养成这个样子：它们或因放纵或因饥饿或因别的坏脾气，反而去打击和伤害所保管的羊群，它们倒像是豺狼而不像是猎犬了。"

养犬成狼，是柏拉图认为最最可怕最最可耻的事情。自从成立以来，博商会认真践行博商会章程，做好服务博商、归化博商等各项工作，绝对不会像一些无良商会那样把企业当做"摇钱树"和"盘剥对象"。本书从博商会的前身深圳总裁培训学院开始写起，告诉人们一个新的企业集群——博商会的诞生故事。

在第一章中，我们主要探讨总裁教育的作用。总裁教育最大的成果不在于教授了多少管理知识，而是要培养企业家持续学习、自主学习的良好习惯。企业家长期经营企业，会遇到越来越多的困惑，唯有不断学习，才能适应时代变化获得解决当下问题的最新办法。正所谓"吾尝终日而思矣，不如须臾之所学"。校方通过总裁教育可以帮助企业打造学习型企业，让企业家放弃个人利益，为了实现共同的愿景协同工作。而这个共同的愿景，就是营造一个高度诚信的"商界理想国"。

有了共同的愿景还不够，千里之行始于足下，博商会的创始团队还需要一步一步去组建博商会。在第二章中，我们主要探讨博商会的特点。2010年年初成立的博商会，既是一个持续学习的平台，也是一个信任的平台，同时还是一个资源整合的平台。博商会通过各种各样的培训活动给博商同学提供学习培训、分享智慧的平台，在这个平台上，既有本土管理智慧总结也有海外管理运用。信任的平台至关重要，博商会通过频繁的活动，让博商同学加强交流，形成深度互信，博商企业只要在生意场找到博商同学就等于找到信任和依靠。由于博商会已经开始走"异地商会"的发展路线，所以跨区域整合文化和资源已经成为不争的事实。

博商会成立之后，博商同学就开始实施营筑商界理想国的伟大工程。

在第三章中，我们主要探讨了商界理想国的主要构成。我们认为商界理想国由五大部分构成，包括成本优势平台、"O2IBC"新型商业模式、博商商业文明、诚信体系和博商分会团队，其中以诚信体系最为重要。柏拉图理想国的核心诉求是哲学家执政、分级治理，在理想国里既有德行兼备的统治者，也有强大维稳的护卫军团，还有无私奉献的普通平民。在商界理想国中，没有统治者只有组织者和服务者，博商同学人人平等。博商企业共赢发展，没有多大的利益冲突，所以在博商企业之间建立高度互信成为了可能。为此博商会通过打造诚信商会，持续完善商会的内外监督功能，彻底消除诚信危机隐患。

商界理想国的基础打好之后，为了吸纳更多会员，留住博商同学，博商会开始研究如何提升商会的服务品质。在第四章中，我们主要探讨了博商会的服务功能。联想管理的核心理念就是搭班子、定战略、带队伍。博商会为了做好服务工作，也是先搭班子再定服务策略。博商会首先搭建起了"3211"服务主体，即"三部两委一网一杂志"，然后提供一系列的供需对接、行业交流、培训咨询、信息服务、品牌联盟和融资贷款等服务。像《博商》杂志、博商卡、博商贷等，都是博商会开发出来为博商同学提供服务的良好品牌。

博商会在服务博商同学过程中，逐渐形成了独特的博商文化。在第五章中，我们主要探讨博商文化的关键要素：奉献、竞合、博爱。博商会鼓励博商同学通过奉献实现自身价值和社会价值，在博商会这个大家庭中营造出企业互助、同学互助的良好氛围。博商会善待博商企业之间的公平竞争，同时为博商企业与其他行业合作提供极大的便利。博商文化的博爱要素主要体现在博商慈善活动中，博商会主打教育慈善、分部门分级别开展扶贫助学慈善工作，最终走上文化慈善和慈善联盟的博爱之路。

在商业上编织诚信，在文化上博爱众生，仅凭这两点，就可以说博商会是一个正义的商会。无数的事实证明，只有正义的商会，才能实现人与自然、社会的和谐相处，才有产业的正义，只有产业的正义才谈得上经济的正义和国家的正义。在鸦片战争时期，英国鸦片贩子操纵在广州的外商商会，破坏禁烟运动，在中国大量贩卖鸦片，从事着不正义的产业和经济。这种不正义的商会和产业，最终在人民革命的洪流中被彻底冲垮。

博商会营筑的商界理想国就像有且仅有一轮明月那样光辉皦皦、皎华灼灼，光辉让无数商帮、商星黯淡失色。然而明月也有月黑之时，未来，博商会将会遇到很多挑战，市场无情，它不会因为博商会正处于婴儿期而高抬贵手。在第六章中我们主要探讨了博商会的未来走向问题。为了生存下去，博商会要不断加强核心竞争能力，以商养商、以会养会、以队养队，自行解决经济来源问题，以抵抗各种各样的市场风险。

在这个高度诚信的理想国里，博商同学可以自由地进行持续学习、供应对接、资源共享、产业交流、帮扶互助、共同投资、共同慈善等活动，同时还可以享受精彩纷呈的博商大家庭生活。博商同学通过抱团丛生，已获得优良抗逆，生命力异常顽强，无惧各种危机的洗礼。现在，博商会又通过信任战略、需求战略和合伙战略聚焦，带领会员博学贯通、搏击商海、博行天下，不断展拓博商会的服务领地，不久的将来定然会创造新的商业奇迹。

从总裁教育到构建总裁圈子

有理想在的地方，地狱也是天堂。

柏拉图

在柏拉图看来，理想是人们生活与学习的原动力，唯有理想，支撑人们在任何环境下都能坚持且进取。

2003年，曾任伟等人在深圳特区创办了的主营高端管理培训的公司，旨在将最为先进的管理理念、思想和方法传授给希冀在管理上有所突破的企业家们。当时，中国的"咨询策划产业"如日中天，但市场不规范、恶性竞争严重，为了生存下去，创业团队"摸着石头过河"，年复一年地在实业领域摸爬滚打积累经验，并埋下传播"西式管理"的种子；然后自主创业，并冒险走高端路线，主办总裁教育培训班，以概率求生。为了稳定生源，创业团队又进行了销售模式创新和内训模式创新，引进优质合作伙伴，并大刀阔斧进行教务革新，注重服务全程和品质追踪，最终从单一的总裁教育业务转型发展到针对于企业家背后巨大商圈的全方位服务。

一个因势而来的非凡组织

历史总是从细节中开始的。

2009年8月的某天下午，一次短暂的讨论，决定了一个非凡组织的诞生。

这天下午，应博商院创始人之一曾任伟的要求，任教务总监的曾任果，教务老师李宁、蒋文、谢巧、朱莹、梁琼文以及身为曾任伟助理的郑义林等人来到曾任伟的办公室开会，讨论是否应该成立一个类似于同学会的组织，以及是否应该为这个同学会设立专门人员等。

当时，曾任伟所创办的博商院介入总裁培训行业创业已快三年，博商院的清华总裁培训项目已经有了十余个班级，千余名同学，已经有两个班的同学结业。这些来自各个企业的老总们，从珠三角乃至湖南、江西等地汇聚到深圳进行为期两年的学习，已经结下了深厚的友谊，结业后大家又要各奔东西。对于这些结业后的同学，博商院该如何继续服务？如何让大家继续凝聚在一起？这是曾任伟等一批博商院的创始人必须考虑的事情。

此时，也有很多同学提出，在清华学习的经历非常愉快，希望学习结束后同学之间继续加强沟通、互动，于是，一些同学建议校方成立一个类似于总裁俱乐部或同学会的组织，同学们结业后，还可以以同学的名义继续聚会。

显然，成立一个类似同学会的组织已经势在必行。

但是，作为博商院的创始人之一，曾任伟必须考虑要成立一个什么样的同学会。这个同学会成立之后，要做什么服务工作？是否需要专人做服务工作？同学会的组织架构如何设计？功能是什么？同学会最终要走向何方？

这是他召集开会讨论的主要内容。

经过数小时的讨论，大家最终确定了对这个机构的设想。首先，这个组织不同于一般的行业协会、商会，也不同于一般的同学会，这是一个介于行业协会、商会、同学会之间的综合性的服务组织，其服务的对象就是在清华学习的企业家；其次，从更长远来看，这个组织要首先在各个企业家成员之间、在这个组织的内部，建立诚信、高效的新的商业文明，构建新的商业秩序，如果套用柏拉图的说法，就是要创建一个"商界理想国"！

这是一个多么宏伟而意义深远的理想啊!

对于曾任伟等一批从事总裁培训项目、服务于企业家这个社会精英阶层的读书人来说,这既是实现博商院持续、稳健发展的必由之路,更是在某个范围内进行这个社会、商业实践的创举。

由于这个组织是在博商院企业家学员的基础上成立的,服务的是博商院的企业家学员,因此,大家将这个组织命名为博商同学会,简称博商会。"博商"二字来自于博商院院训"博商笃志,商道弘毅",第一句话取自《论语·子张》。子夏曰:"博学而笃志,切问而近思,仁在其中矣。"第二句取自《论语·泰伯》。曾子曰:"士不可以不弘毅,任重而道远,仁以为己任,不亦重乎?"其意为:通过广泛的学习,对真理的不断追求,树立忠诚坚定的志向,在商海里面传播大道,虽任重道远,但绝不放弃。博商由此得名。

明确了博商会的定位和一些细节之后,承载着博商人诸多梦想的博商会即将成立了,博商会的历史即将开始。

梦想踌躇起步

说起博商会成立的因缘,还得从博商会创始人之一的曾仁伟说起。

中山到深圳,不过2小时的车程,却足以改变两个人的人生轨迹。

2006年4月的一个周末傍晚，夕阳染红天际，高速行驶的吉普车内闲坐着两人：刘炳成，研究教练技术多年；曾任伟，混迹咨询培训数载。闲聊从当时经济形势说起，那时的南中国，民营经济蓬勃发展，而当初凭"无知无畏"勇气创业的老板们大多缺乏系统的管理教育和领导能力训练。随着竞争加剧，老板们自身能力缺失对企业发展的制约日渐明显，中国高端管理教育培训存在大量的需求。而2006年的中国，管理教育培训主要以商学院的EMBA和MBA、EDP产品为主，这些产品系统性较强，但缺乏本土的教学案例、教学手段单一，填鸭式的知识灌输对老板来说"听不懂，用不上"，而同时一家从深圳本土发展起来的培训机构"汇才"引进的教练技术课程，在训练学员的心智模式和思维模式方面，因其独特的教学手法而风靡一时。但其过于强调人为主观能动性，俗称"对人不对事"，虽能强化个人的责任感却有失偏颇。刘炳成说："有没有可能把'汇才'的心智模式训练与MBA的系统教学相结合，创造中国最具实效性的管理教育模式？""理论和实践都是可行的，同时，总裁学员不但需要管理教育，还需要一个非常好的平台，如果这个平台能聚合上万名老板学员，那将会创造无限的价值，所以做总裁教育，既要把课程做好，也要做好平台。"两人相视，会心一笑。不觉中已抵达华灯初上的深圳，两人分手之际，刘炳成说："希望有一天我们两人能把这个模式变为现实。"这句看似随意的话却在冥冥之中为"博商管理科学研究院"——一个南中国极具影响力的智力机构的诞生埋下一颗种子，并且它期待阳光雨露，随缘破土而出。

缘于这个信念，半年后，曾任伟从原机构离职，向朋友借了30万元，和几个老同事一起开始创业。一套民宅、四个同事，吃住工作一体化，日子过得紧张忙碌。一边注册公司装修房子，一边设计产品招贤纳士，还好平时名声尚佳做人厚道，连感召带"忽悠"，硬是把团队拉扯到8个人。两周后公司注册完成，团队搬进新的办公室。公司开业的第一天，老同事加上新招聘的十来人举行了一个简单的仪式。曾任伟即兴发表了一番慷慨激昂的演讲，无非就是前途光明道路曲折，勇做标杆问鼎第一之类的誓言，自我感觉非常良好，可让曾任伟和其他合伙人至今纳闷的是，第二天那些新招聘的员工一个都没来，难道是吓着了？不得而知。反正公司是有了，慢慢做吧。

信心满满的团队正式开始试水，曾任伟和创始人肖老师二人分工合作，肖老师主内，曾任伟主外。曾任伟很快就招到第一个学员，从那个学员公司出来坐上巴士回公司，冬日的深圳微风拂面、暖阳怡人，原来创业的感觉这么好，曾任伟开始憧憬着公司美好的未来，可是很快挫折和打击接踵而来。

这得从曾任伟创业选择的教育培训项目说起。MBA源自美国，美国商学院的MBA，从课程设置到师资配备等各方面都相对比较完整，曾任伟经过反复比较选择了一个历史悠久的美国商学院MBA项目，性价比不错。该商学院在中国有两个代理商，一个在北京，另一个在香港。但非常不幸的是，曾任伟看到，他的老东家（避嫌起见，以下简称A公司）也看到了。就在曾任伟飞到北京与该校北京代理商进行洽谈并相谈甚欢时，A公司老板也在深圳飞往北京的航班上。

A公司老板以自身公司的实力，以及不可拒绝的合作条件，成功地让北京的代理商取消了与曾任伟已经谈好的合作条件。

这只得让曾任伟退而求其次与学校的香港代理商合作。谈判在一个小房子里进行，结果双方一拍即合，半小时内谈好全部条件，曾任伟以100万元的价格获得香港代理商田某转让该项目的代理权，第二天签协议并支付第一期款。事情顺利得让人觉得不踏实，这到底是上帝佑护还是危机暗藏？后来事情的发展证实是后者。

岂料A公司老板得到这个讯息马上行动，立刻找到田某，提出高一倍的价格购买代理权外加项目分成，在高利润的诱惑下，田某做出让初涉商海的曾任伟万万没想到的事情，他居然"一女嫁二夫"，把项目代理权再卖了一次给A公司，随即人间蒸发，手机关机。

美好的创业感觉来得快、去得更快。公司开了，学生也招了，可是项目和产品都没有了，这怎么和同事们交代？曾任伟白天忙着公司的事情，晚上回家动用业界的人脉，四处打探该香港代理商的下落。也许是精力分散，公司在招到2个学生后就一直没有新进展，曾任伟每天四处奔波却屡屡碰壁，潜在学员大多缺乏对一个新成立教育结构的信任度。

就在这个时候，曾任伟年迈的母亲突然病倒住院，曾任伟大多数的时间都在医院、意向学员公司及办公室之间奔走，内心焦虑无处诉说，整晚失眠。曾任伟无奈地在卧室里放上一张躺椅，经常床上睡不着就在躺椅上靠一下，再睡不着就去沙发，恍恍惚惚到天亮就开始去寻找新的学员。

　　为了建立同事们的信心，曾任伟不放过任何一个有可能成为学员的人，那时，面子和尊严已经变得不那么重要了。2006年的最后一天，曾任伟在获知一个潜在学员有学习意向后，下午6点冲到其公司介绍项目、进行洽谈，当万家灯火准备辞旧迎新时，曾任伟身心疲惫地离开该学员的公司，却依然一无所获……就这样，创业的第一年营业收入定格在1200元！

100%的努力

　　在焦虑和疲惫中2007年悄然而至，刚过新年就有了令人振奋的消息，通过多种渠道，曾任伟终于和香港代理商田某取得了联系，在近乎哀求的情况下，隐身了一个月的田某终于答应在一粤菜餐厅见面。囊中羞涩的曾任伟点了一整桌子的菜，尽管对面坐着的是一个骗子，但满腔怒火的曾任伟依然非常清晰地认识到公司与此人手中的项目命悬一线，不能由着性子来。否则，田某再来个人间蒸发，公司就完了。曾任伟压抑着自己，小心翼翼地与田某拉家常，推杯换盏之间尽是一番寒暄，不觉中一瓶52度金鹏城已经见底。曾任伟让服务人员打开第二瓶，给自己倒满一个啤酒杯的白酒，对着田某饱含热泪地说："我曾任伟第一次出来自己做点事，不知人情世故，事情到此，过去的就让它过去，我就希望您能给我们留条生路，我先干为敬。"三两白酒一口咽下，田某感动了。饭桌上基本达成协议，曾任伟和A公司都可以开展美国商学院的MBA项目。情况虽与起初协议相比有很大差距，但至少可以以MBA的项目继续招生，公司不至于关门了，公司创立后的第一劫难算是暂时平息……

搞定项目后，曾任伟和团队可以全身心地投入市场开拓，这时团队基本稳定在10个人左右。大家每天早上从8点开始一直忙到晚上，公司找个大排档帮着做午餐，下班后大家刚好坐满一桌。桌子就摆在一个洗车店旁边的半露天的棚子里，一下雨，棚子流下的雨水和洗车棚的污水四处横流，但这一切丝毫不影响大家的情绪。同事里有好几个年轻人，工作量大、能量消耗快，每次吃饭都狼吞虎咽。那时正值冬天，饭菜在半露天下特别容易凉，可大家硬是饭菜凉之前全部搞定，吃完了再去干活。

那时公司市场开拓中最大的障碍就是遇到老东家A公司的攻击。一天下午，曾任伟去拜访的意向学员是一家规模不小的电子厂的李姓董事长，约见时间为下午3点，可曾任伟一直干等到下午6点都未见其显身，办公室过往的人都诧异地打量着呆坐在大厅沙发上那个西装革履的人。要是以曾任伟创业前的那股清高劲，早就提包走人了，可如今每当有这个念头时，曾任伟眼前都会浮现团队同事期待的眼神，于是又强迫自己坐下。就在办公室的人基本都走光的失望之时，一个助理模样的人通知曾任伟进董事长办公室见面，偌大的大班台前公司董事长傲慢地坐着，没等寒暄就说："听说您曾在A公司工作过，因业绩不佳而被辞退。你这公司也是刚创办的？"曾任伟不卑不亢地作了一番表述，自己确实在A公司服务多年，很感谢老东家对自己的培养，同时也把自己为什么辞职作了说明，并向这位董事长阐述自己的创业梦想和对管理教育的理念。这时该董事长突然一拍桌子把曾任伟吓一大跳，大声说道："A公司的人把你说得一钱不值，而你却对他们没有半点抱怨，反倒对他们表示感谢，我认为做教育的人就应该这样，我报名了！"没有言语可以表达那种被信任和理解的感觉。渐渐的，像李董事长这样选择信任和支持这家新公司的学员多了起来，公司的业绩开始渐有起色。在MBA项目招生淡季的1月份，团队硬是凭借自己的努力取得了突破，初步实现公司的盈亏平衡。临近春节，团队在一起吃了一餐团年饭，是在一个江西菜馆，这和曾任伟及团队核心詹俊元、涂传华、黄晓华都是江西老表有关，那是曾任伟和团队这几个月来最开心的一天。压抑、焦虑和成绩带来的喜悦都在杯里，大口喝，大声叫，开心笑！最后基本都是相互搀扶着离开餐厅，皇天不负苦心人，团队终于看到曙光。

春节一过，团队马上投入紧张的工作，招生工作也得到几家大机构的支持，招商地产及中国安防科技等公司纷纷派出核心高管团队参加学习。就这样，博商团队创业的第一个班就此成立。开班的第一天，曾任伟为30个同学举行了一个别开生面的开学典礼。他没有讲管理课程，只告诉大家应该如何进行学习、如何共享资源。最后，学员们动情地唱着《相亲相爱的一家人》的手语歌，气氛达到了高潮。

接着下来就是正式的课程，为了保证项目质量，除了美国本校派出教授前来授课外，曾任伟负责请国内著名教授为学生授课，且不说费用的问题，单单怎么能让这些国内名家为一个不知名的机构授课，就得费不少周折。曾任伟把课程师资作了个规划，然后一个个电话邮件联系。这其中有不少直接拒绝的，也有先同意了临时变卦的，但也有不少诸如清华大学等著名院校的教授表示支持，并答应亲自到深圳为学生授课。这些教授观点鲜明，风格迥异。清华大学韩秀云教授在股票4000点大谈股市发展，鼓励大家炒股；而同是清华大学教授刘冀生老师却告诉大家："你们是企业家，你们学过MBA，如果你们都没有信心让钱在自己手上产生最大的价值，却希望投入股市让别人帮你赚钱，这是多么荒谬的事情！"一语惊醒梦中人，部分顿悟后的学生纷纷从股市退出，躲过了2007年中国股市高位跳水的一劫。

看到博商的发展，A公司坐不住了，由老板亲自挂帅成立小组，进行针对性地打击，并制订多套方案，包括派出卧底混进学员队伍，套取学员名单，挨个电话沟通，希望学员退费。甚至假冒博商教职员工通知学员改上课的时间，意图制造混乱，甚至考虑进行人身安全的攻击。但这一切都没有阻止博商人前进的脚步，博商的第二班招生工作仍然顺利地进行着。

这样一来，A公司一看不来点狠招不行了，他们再次与田某协商，如果能把博商项目的代理权断掉，田某将获得更多的利益。在利益面前，田某又一次选择背弃信义，他建议A公司在香港成立机构，然后由田某和美国校方说明，他希望中止代理商资格，并介绍A公司的香港机构直接与美国校方合作，这样就可以彻底甩掉博商。事情正在按照A公司和田某设计的方向发展，4月份，美国校方派人到中国与A公司签约，然后，田某又一次人间蒸发了。命运又一次把博商逼到无项目代理权的绝路。

面对第二次失去代理权的现状，曾任伟知道，再找田某已经不可能解决问题了，但曾任伟坚信，法治社会不容人肆意践踏，美国更是如此。他马上找到律师，把之前交往的证据形成一个完整的证据链，并以律师函的方式正式通知美国校方，按照协议，项目代理权应属于博商，田某并不具备权利中止与美国校方的合作。

接下来的工作就得找到美国校方在亚洲项目的负责人，但这又谈何容易。幸而曾任伟的遭遇得到了很多同行的同情与支持，大家各自努力帮着寻找这个美国人的联系方式。很快，好消息传来，终于找到了这个名为Charlie的美国人的联系方式，而且，更让人振奋的是他会近期来到深圳。

曾任伟马上开始行动，终于在酒店的大堂见到了Charlie。在大量的证据面前，Charlie承认了错误，但同时提出，学校调整了在亚洲的战略，新的合作方必须是四年制以上的大学，而言下之意显而易见，"您一个刚成立的机构根本没有资格与我合作。"曾任伟马上反问："如果我能找到一家四年制的学校共同合作，是否可以考虑？"美国人的答案是"YES"，但必须在两周内。会见就此结束，留给曾任伟的是一个看似希望的绝望，在中国的教育体制内要说服一家四年制的本科院校和一个美国院校两周内确定合作，简直比登天还难。

然而，就算是1%的希望都得尽100%的努力，曾任伟马上动员自己周边的资源，选择意向中的大学。几经周折，曾任伟的一位大学任教的兄长通过关系，确定了一所华南区前三位的大学同意合作并迅速通报美国校方代表，Charlie傻眼了，本来想着让曾任伟知难而退，结果曾任伟却找到一个中国重点大学来合作，难以置信的Charlie欣然同意，并愿意一周后飞来中国洽谈。洽谈？那要拖到什么时候，曾任伟的目标是一周后签约，接下来的一周内，曾任伟白天与中国校方沟通，晚上和美国校方沟通，双方的合作协议修改了五六个版本，终于在美国人登上飞往中国的航班前敲定所有合作细节。就这样5月2号，在中国校方的会议室，镁光灯下中国校方、美国校方及博商三方签约。庆祝晚宴上，美国人对曾任伟用生硬的中文说："干杯，祝我们合作愉快！"那一晚，曾任伟睡踏实了，一个多月来悬着的心终于可以放下了⋯⋯

坎坷经营路

就在曾任伟和团队都以为代理权的事情终于告一段落时，事情再起波澜。原来，美国人Charlie带着协议飞回美国前通知了田某和A公司，由于受到蒙骗和不实的信息引导，美国校方与A公司的签约无效。

A公司这下彻底愤怒了，马上联络田某商议对策，二人迅速行动，A公司负责给教育部写信，诬告中国校方领导收受曾任伟的贿赂，田某负责直接写信给美国校方校长，通过一系列 PS 的手法，模仿 Charlie 签名诬告其收受贿赂。

教育部马上要求中国校方彻查此事，这让曾任伟始料未及。更让曾任伟没想到的是，美国校方领导因此认为Charlie 工作存在缺失并对其予以停职。而让曾任伟感到特别难过及内疚的是，因为博商让一个60岁的Charlie失去了工作，曾任伟发誓一定要有机会弥补Charlie。而最严重的问题是，这个项目的代理权再次被中止，而这一次比半年前更让曾任伟觉得挑战的是：现在已经招收了70多个学生，如果现在中止，必须退还所有人的学费，如果退，公司就会破产，破产事小，但还不起学员的学费怎么办？在曾任伟的信念里，教育是社会为数不多仅有的净土之一，如果人对教育都没了信心，那社会就真的没救了。可如果不中止，明明没有代理权却继续经营，那是诈骗呀！

除了这个两难的选择外，公司的下一步经营什么、怎么经营，这些难题都摆在曾任伟和合伙人肖老师的面前。共同经历6个月动荡的两个合伙人，在公司未来的走向面前，产生了严重而又无法弥合的分歧。就这样，二人平静地坐在一个小餐厅的二楼，讨论如何分手。一个下午，两个小菜、几瓶啤酒，结论就是曾任伟留下继续做更有利于博商的发展，二人谈好分手细节，写好协议，双方签字。晚上，同事们都走了，肖老师回到办公室取回私人物品，曾任伟叫停一部的士送肖老师上车。那一夜雨很大，当的士的车尾灯消失在雨幕中时，曾任伟内心的感觉就像被遗弃的孤儿。过去的6个月，遇到问题有人可以商量可以吵架，现在需要独自面对，雨中的曾任伟质疑自己当初为了一个教育的理念，放弃几十万的年薪，承受如此大的煎熬到底值不值得。

无论如何，现状必须去面对，曾任伟一方面继续和美国校方新委任的亚洲区负责人联络，寄希望于其能重新开启与博商的合作，一面再次联络美国校方在北京的代理商，希望通过其完成现有学员的注册，让他们继续完成学业。新的校方代表和北京代理商都非常了解曾任伟现在的处境，虽然答应却都提出了非常苛刻的条件。而在曾任伟看来，总算是有条件了，有条件就有满足的机会，就有把事业继续下去的希望。

就在这时，A公司进一步发起攻势，因为让曾任伟失去代理权不是A公司的终极目标，它的目标是让博商彻底关闭，A公司指派同事通过卧底的方式拿到博商学员名单，挨个打电话告诉他们，博商已经没有美国校方MBA项目的代理权，让学员找博商退费，学员纷纷打电话给曾任伟要求解释。此时恰逢周末危正龙老师的沙盘演练课，课程中间，曾任伟上台把博商机构面临的问题与学员作了坦诚的沟通与交流，并请同学相信自己，一定会让事情有一个妥善的解决，如果得不到解决，博商会全额退费给学员，如果资金不够，就是借也把学员的钱给退了。话没说完，其中一个叫任轲的同学站起来说："曾任伟主任，不用说了，不管发生什么情况，我们都支持您。"随即课堂上响起掌声，那一刻，曾任伟眼圈红了，这种信任是对曾任伟对博商莫大的精神支持。

接下来半年里，博商和同学们一起面对校方近乎苛刻的条件。其中一名美国教授《领导力》课程，要求使用英文原版教材，但大多数中国学生英文水平达不到阅读英文原著的水平，曾任伟就请人翻译英文原著给同学上课用。本来三天能上完的课程，因为增加了翻译的环节，变成每两周上一次，需要六周才上得完。每次课程结束后马上考试，考试后布置作业，学生用中文写作业，曾任伟再找人翻译成英文给教授批改。而且课程不允许请假，一旦请假学生就会被取消注册，一门课程下来，曾任伟花掉的翻译费就高达13万元。学生们众志成城，不管学校提什么要求，他们一一满足，誓为博商拿回代理权。3个月过去后，学生们以近乎无可挑剔的成绩赢得学校的信任，圆满完成课程的学习。5个月后新的美国校方代表造访博商，肯定了博商的教学管理工作，博商再一次获得美国校方MBA的代理权。

结缘清华

就在曾任伟与肖因公司的发展思路不统一而商量分手时，一天下午曾任伟接到刘炳成的电话，两人在一个咖啡厅见了面，这时刘炳成与另3个股东创立了杭州慧成文化发展有限公司，主营业务为大学生的职业教育，但大学生职业教育属于长线投资，杭州慧成希望能有个短期能平衡现金流的项目。当两人再次聊起当初的构想时，曾任伟告诉刘炳成自己已经为实现这个理想离职创业了，刘炳成希望双方能联手共同发展。几天后，杭州西湖，刘炳成把曾任伟介绍给了其他的几位股东，5人租了一艘小船，让船行至湖中，一边陶醉在"野渡无人舟自横"的湖光山景中，一边畅谈教育报国之理想，当即敲定由杭州慧成联合博商共同发展。不觉中天色渐暗，船回岸边，5人在西湖边的一家餐厅继续把酒言欢，其中一位股东相识清华长三角研究院的高层，建议博商可以考虑开展清华的总裁研修项目。

杭州的美景虽让曾任伟有了片刻小资式的惬意，但深圳的事情却让曾任伟无法释怀。第二天一早，曾任伟飞回深圳，他一直在考虑是否应该采纳股东们的建议转型开展清华的项目。这时的博商团队成员对于机构要走向何方也是充满迷茫。

一天晚上，曾任伟把团队成员集合在一家大排档里。经过这么多事情，成员之间彼此都非常默契，曾任伟把公司是继续代理美国院校的MBA还是开展清华的总裁研修项目的想法和大家作了说明，希望听听大家的意见。几瓶啤酒见底，大家都提了各自的意见，分析利弊。这时，曾任伟说："我们大家民主表决一下，做清华还是做国外的MBA，大家想好，一旦决定了，我们一年之内就不再讨论这个事情。"结果团队大多数成员愿意做清华项目。

意见是统一了，但从做国外项目转到做清华项目，对于年轻的博商来说，现金流是个很大的考验，国外MBA 的项目是博商先收钱，再支付给学校，这样保证了博商的现金流，但清华项目所有的费用都得先支付给清华，项目顺利开班后才能从清华返回部分费用，这一前一后的差别，按照曾任伟的估计，资金缺口将高达上百万元，如果没有这100万作为过渡，项目可能还没有开班，资金流就断了，可是博商上哪弄这100万呢？

曾任伟想了一晚上，终于想出一个解决方案，曾任伟找到刘炳成，希望杭州慧成全资收购博商，协商价格为180万元。很快这个事情得到其他股东们的认同，一个月内即完成转让手续，当第一笔收购款90万元划到博商账号，曾任伟心里五味杂陈，当初作为职业经理人离职创业，转了一圈为了救公司又把公司卖了，自己再度成为职业经理人，但好在总算是保住了公司，有了一个实现理想的舞台。接着就是与清华的项目洽谈，以博商过去的MBA学位教育的底子转去做非学历教育项目，双方在项目的学术性和教学安排上的洽谈都进展得非常顺利，一周内完成了通常需要两个月才能走完流程的项目立项、签约等工作。博商团队正式开始清华研修项目的推广，但谁心里都没底，一个民营机构推广清华项目，能有人信吗？7月份签约，整整一个半月都没有新学员加入，团队信心面临极大的考验，曾任伟一方面安抚大家的信心，一方面把握每次和学员见面的时间，终于有了第一个学员报名，富士智能的徐总参加清华学习，成为博商平台的清华第一个学员，信息传来，大家为之一振，之后陆续学员的加入坚定了大家走下去的信心。

博商在股权上完成了与杭州慧成的合并后，项目上确定推广清华的总裁研修项目，刘炳成和曾任伟开始着眼于未来的规划，原来博商在一个商业区里，180平方米的办公室面积显然难以支撑未来的发展。

四处寻找后，刘炳成和曾任伟都看上科技园南区的一处办公室，地处南山科技与教育的中心，学术氛围好，唯一的缺点是场地面积大，租金贵，上千平方的面积对于一个只有十几个人的博商来说实在是太大了，但刘炳成和曾任伟一商量，与其小打小闹，不如相忘于江湖，要做就要做大，毅然决定：租。经过一个月的装修后，团队搬进了新的办公室，因为实在是太大，几个人在里面说话都有回声，但博商经过近10个月的动荡和发展后，终于有了自己的办公场地、同学会所和教学场地，一个教育机构终于初具雏形。

一方面，清华项目招生工作开展顺利，一方面，四处网络优秀人才，曲雪梅、郑东明等骨干相继加入博商，壮大了人才队伍，再后来，博商在站稳了深圳脚跟后，成立一周年时开设第一家分支机构——东莞分教中心，从此博商开疆拓土、扬帆起航，踏上快速成长之路。

博商会元年

人生重要的不是所站的位置，而是所朝的方向。

柏拉图

博商会从一开始就站在了一个较高的位置上，找准方向，极目远眺，一座商业时代的理想国若隐若现。

博商会营筑商界理想国并非一年半载所能成功，目前还处在汇聚会员、跑马圈地阶段，算是修起了城墙，但未起宫殿和奇迹。我们认为营筑一个良性运作、以商养商的商界理想国至少需要花上10到15年时间才能完成。面对未来多重挑战，应该不断增强核心竞争力：抱团丛生，以获得优良抗逆。商界理想国正在慢慢营筑，其瑰丽前景可预可期，我们愿意看到商界理想国的商业模式和创新组织能不断扩大服务范围，从深圳特区鹏城出发，翔程万里、惠泽全国，并通过打造世界的博商网、构建产业园阵营、建立海外中国商品采购中心进而影响世界商界格局。

博商会萌芽

2009年，博商院开始与深圳清华大学研究院合作，开设面向企业家的管理培训课程。这一年年末，当一个班级即将结业时，一位班长找到教务主任曾任果说："曾老师，我们结业了就散了，今后就很难有来往了。有没有可能搭建一个俱乐部，让同学们结业了也可以经常回来进行交流？"

这样的需求其实与曾任伟等人最初的构想非常一致——每一期培训班都是阶段性教育服务，而博商院就是要实现"为企业家提供终身服务"、"成为企业家成长伙伴"的理想。但是，如果仅仅是做课程培训，虽然打造的是终身学习的平台，而没有一个合适的组织，终身学习的平台还是难以发挥作用。

为此，曾任伟、曾任果、曲雪梅、涂传华等博商院元老，计划筹备建立一个企业家学员的集群组织。

其实，此时此刻，在深圳，在广东，乃至在全国，各种企业家、同学会组织已经不计其数。比如，各个行业都有行业协会，各个学校也都有校友会，各个地方也都有自己的商会。

此时，对于这个组织，大家还都没有太清晰的概念。只是觉得，博商院要成立个组织，既不完全是商会，也不完全是行业协会，更不完全是同学会（校友会），而是一个介于行业协会、商会、同学会之间的新型组织。

一般来说，同学会（或校友会）是基于同学关系建立的组织，其基本功能是同学聚会，很多同学会（校友会）只在每年年末进行一次聚会，主要为了沟通校友感情、互通情况。

而传统的商会组织则是基于同乡的地缘关系建立的企业家组织，这个组织具有明显的地域特征，非这个地域里的企业家，很难融入这个组织。

行业协会是基于行业的共同属性结成的企业家组织，同属于一个行业。分属于这个行业的上中下游，是加盟这个组织的前提条件。

而博商的企业家们，首先都是同学，是同学关系；但又来自五湖四海，更分属于不同行业，常见的行业就多达几十个。博商的企业家们来源非常广泛，结构更为复杂，需求更为多样。显然，在这种情况下，成立一个单纯的同学会、商会、行业协会等，都无法满足这些企业家们的需求。

大家都意识到，需要组建一种全新的商业组织。

由于企业家们都有在博商平台学习过的共同经历，大家决定将这个组织命名为"博商同学会",简称博商会。

2009年7月,清华有4个班陆续结业。曾任伟感到成立这个组织的紧迫性,于是他召集曾任果、郑义林及核心的教务老师到办公室。于是,才有了第一章开头所写曾任伟等人共同商议成立博商会的具体细节的一幕。此次会议上,大家对成立博商会的必要性达成了一致看法,但对于是否需要专职人员运作、具体的组织架构等有不同观点。

有人明确反对博商院再设立一个独立部门进行博商会的运作。因为在当时,很多校友会都没有专门人员管理,一般是教务兼任做,或者是某个校友的秘书顺手做。于是这个事情就此拖延了。

2009年11月,清华有6个班结业了。12月,曾任伟请郑义林开始起草拟订博商同学会的章程,并请他一起参与同学会的部分筹建工作。

博商会呼之欲出。

最年轻的秘书长

筹备成立博商会的时候,曾任伟首先要考虑骨干成员的问题。在前期的筹备工作会议上,他提议让自己的助理郑义林出任博商会的秘书长。

这个提议当即遭到了很多人的反对。反对的原因很简单——太年轻,八零后,从香港科技大学毕业才两年多,没有多少工作经历;而郑义林到博商院工作才刚满半年时间。

有史以来，深圳市乃至珠江三角洲，甚至全国各地的各个协会、商会、同学会等，都是由资历最老、经验丰富、德高望重的人担任秘书长一职。因为秘书长相当于执行会长的角色，要负责大量的日常工作，更主要的是，博商会的会员都是企业家，要服务好数千名，甚至未来数万名企业家，与这些性格各异、眼光挑剔、习惯于管理别人的社会精英打交道，不是八面玲珑，也得三头六臂，否则，很难协调各方面的关系，更不用说服务好几千位企业家。一旦博商会前功尽弃，更妄谈构建商界理想国的远大理想了。

当时的郑义林要工作经验没工作经验，要资历没资历，要年龄优势没年龄优势，甚至性格还有点内向。让这个毛头小伙子担任秘书长这么重要的职务，自然会让人心存疑虑。

但是，曾任伟力排众议，力荐郑义林。在曾任伟看来，郑义林虽然年轻，但学历背景很好、素质很高，到博商院工作半年来，交付的任务都能高质量地完成，体现出了很好的工作素养，很有培养潜质。更重要的是，做秘书处的工作，需要有很强的服务心态，重点是服务，而不是搞关系。

若干年后，当博商会已经初具规模，赢得了众多企业家会员的认可后，曾任伟对笔者承认——当初力荐郑义林担任秘书长，自己其实也没有百分百把握，但他就是看中了郑义林的年轻、有闯劲，虽然经验不足，但敢想敢做，这正是博商会要做出自己的特色必须具备的，也正是博商会与其他众多行业商会、同学会区别开来的重要前提。

事实证明，曾任伟的判断是正确的。

博商会之所以在短短3年时间内，在深圳多如牛毛的行业协会、商会、同学会组织中异军突起，成为最具特色、运作最成功的综合性商业组织，获得数千名会员的认可，与郑义林等博商会秘书处工作人员的创新思路、热情服务密不可分。

秘书处：专职且专业

关于秘书长的人选，曾任伟还坚持一定要由校方的人来担任，同时秘书长下设秘书处，也应该由校方聘请专职人员来担任。在曾任伟看来，由校方的人担任秘书长更便于开展工作，而由企业家学员们担任秘书长，由于学员们只能兼职工作，而且大家都是企业家，没有太多精力负责秘书处的工作，会导致很多工作难以开展。

事实证明，这种设置是正确的。过去和现在，很多地方的同学会都由学校与同学分别担任秘书长、执行秘书长的工作，有时候由于大家意见不统一，或沟通不到位，导致工作无法有效推行。

另外，很多协会、商会、同学会等组织是没有专职人员的，大都由某个骨干成员兼任，有的行业协会、商会、同学会最多只有一个专职秘书长。

而博商会一开始就设置了专职负责的体制，且随着工作量的增加，其专职人员也在不断增配。

郑义林坦诚，开始做秘书长的时候，只是觉得压力很大，并没有任何概念，不知道要做什么。

秘书处成立后前半年一直处于摸索期。为此，博商会召开了很多次理事会会议，郑义林也参考了校友会和商会两种运作模式，决定先从举办一些小活动、办《博商》杂志等开始。

2010年3月，博商会会刊《博商》创刊，每月出一期，免费寄发给各位博商会员。《博商》会刊定位为引领中小企业管理思潮，为中小企业提

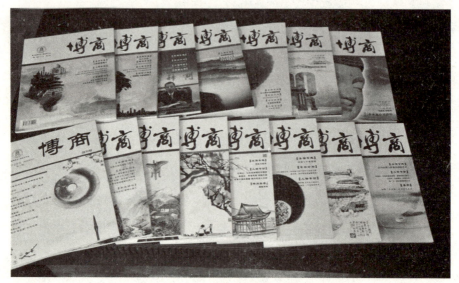

往期《博商》杂志

供成长的思想动力。《博商》杂志秉承"博商贯通，商行天下"的理念，立足于中国国情，重点突出中国管理热点，适当兼顾宏观经济，融入中国人文底蕴，演绎本土中小民营企业管理案例。

郑义林担任《博商》执行主编，他提出以博商会动态作为常规内容，以每期专题进行深入探讨，以企业访谈作为充实材料，以广告传递客户价值，以好书推荐培育博商学习环境。

《博商》编辑部成员通过多次栏目策划，形成了企业访谈、专家论坛、经典案例、本期专题、管理时评、同学会动态等精华栏目。采编的时候，编辑部成员出入各种博商会的商务活动和行业交流会，采访博商会员企业，总结和归纳博商企业的成功经验，以优美平实的文字表达出来。《博商》杂志最大的亮点在于每期策划一个观点鲜明的专题，先后涉及商业模式、创业与投资、周易与企业管理、营销与市场、家族企业的成长与传承、亚洲管理模式等。这些专题从解剖博商企业发展到剖析中国市场和海外商业模式，大大开拓了博商同学的眼界和思路，广受博商会员的喜爱。

最初，一个叫张一凡的员工做郑义林的助手，后来，张一凡调到了外地，秘书处只有郑义林一个人了。当时咨询部有一个叫黎海波的同事，年龄与郑相仿，他俩经常一起吃午饭，成了很好的朋友。于是，郑义林将黎海波从咨询部要到了秘书处，成为强有力的搭档；后来，经济学硕士许爱琴、海归学子申桂宁等陆续加盟秘书处。到2011年下半年，博商会秘书处已经有6个人了。

商界理想国

　　随着秘书处服务范围扩大、工作任务加重，秘书处的团队不断扩充。目前，博商会秘书处有15个专职人员。可谓所有行业协会、商会、同学会里"史上最庞大的秘书处"。

　　这15个专职人员，要负责数千名博商会会员的管理、服务，发展新会员、开展各种活动，出版杂志、维护网站，对外沟通等等纷繁复杂的工作。在这种高强度的工作中，秘书处的工作能力、工作效率也得到了极大地提升。一开始，博商会秘书处筹备每年年会的时候，要由教务人员支援，后来，数千人的年会，秘书处都可以自己搞定了。

2010年3月25日，"清华深圳惠州同学虎年首届联谊会暨第一届博商论坛"在深圳麒麟山庄举办，会上全国政协委员、著名经济学家蔡继明作了"两会经济热点解读"报告，王涛作"中小企业九大死穴"专题演讲，三大俱乐部负责人作2010年工作计划汇报。

2010年3月25日，"清华深圳惠州同学虎年首届联谊会暨第一届博商论坛"在深圳麒麟山庄举办，活动邀请全国政协委员、著名经济学家蔡继明作"两会经济热点解读"报告；邀请王涛作"中小企业九大死穴"专题演讲。博商会三大俱乐部负责人要作2010年工作计划汇报。

这是博商会秘书处成立后筹办的第一个大型活动，时间紧、任务重、不确定因素多。此刻，博商会秘书处才只有几个人。在郑义林的带领下，博商会秘书处几位同事加班加点，高强度工作了一个月，终于保证了活动如期成功举办。

这也是博商会第一次在大型活动中亮相，由于秘书处组织工作非常得力，这次活动非常成功，吸引了500多人前去听讲。此时，博商会有三个副会长，分别负责商务、行业和兴趣三大俱乐部。论坛上，三个副会长也都分别作了所负责活动的介绍，让更多人了解到博商会是做什么的。博商会以其独特的定位、优质的服务吸引了众多企业家，会议现场，有200多人加入了博商会。

这次活动也成为"博商名师大讲堂"的前身。

首战告捷，显示了博商会秘书处高效的执行力。而他们此次筹办活动的紧张工作节奏，也成了秘书处日后工作的常态。

随后，博商会相继成立了多个俱乐部和球队。

"师长级"会长石坤山

协商同学会正式宣布成立前，需要选出领导班子，这里包括会长、副会长、常务理事及理事。而其中的重中之重，是要选举一名德高望重的会长出来，这将是博商会的首任会长；而且这并非一般组织的会长，这个组织的成员都是各个行业的精英，他们管理着数万人的企业，在各自的企业内部，都是说一不二的人物。要成为这个企业家构成的组织的会长，要能够赢得所有企业家的认可，并不是一般人所能做到的。

博商会章程规定，会长、副会长都要从理事会成员中选出，为显示公平公正，所有参选人员都需要竞选。

2010年1月11日，在深圳教学中心一号教室，深圳各个班的班长（常务理事人选）以及每个班级的理事出席会议。会议由教务主任曾任果主持，教务处帮所有演讲人员都做了介绍个人简历的PPT。

显然，所有竞聘的企业家都经过了认真准备，大家充分施展自己的才华，争取能有更合适的职务为博商会的同学们进行更好的服务。

第九个上台演讲的是222班班长石坤山。

这是一位大半生在军旅中度过，后来又转战到商海的传奇人物。

1963年8月，石坤山入伍中国人民解放军沈阳军区大连警备区黄海边的辽东半岛。在一次军事大比武中，从沈阳军区各部队精选的32名训练尖兵，要在12小时内横渡总长2万米的黄海海峡。最后到达目的地的仅有5个人，石坤山则是首位先锋到达者。此后，石坤山被誉为"黄海前哨的蛟龙"。除了在军事大比武训练中是模范典型，石坤山还是学习毛著、学习雷锋的标兵。

后来，石坤山先后在中国人民解放军石家庄高级陆军学院和吉林大学哲学系进修，取得大专双学历。作为哲学教员和重机枪教员的他，军事、政治一肩挑，被誉为"文武双全的全能干部"。期间，石坤山将一个后进连队带成了先进连队，在全军传为佳话。

再后来，石坤山被调到长春军区担任后勤部长。他认识到"发展才是硬道理"，在军分区搞起运输，办起军需厂、酒厂等，同时还开办农场，饲养猪、鸡、鱼、鹌鹑等，将军队里的生产经营得红红火火。

改革开放、大兴经济建设的初期，石坤山主动选择支持地方工作，被分配到吉林省外贸委驻大连办事处当主任。90年代初，在允许部队经商的政策之下，沈阳军区在广东、广西、海南三省投资不少企业。为了把这些企业办得更好，1993年，沈阳军区在广东设立沈阳军区南方企业局（即"南方企业集团"）。经过多方考虑，军区首长把在吉林省外贸委驻大连办事处的石坤山重新召回部队，派到南方企业局任副局长兼集团副总裁。石坤山放弃在吉林省外经贸办优厚的生活条件，毅然来到南方企业集团主持几十家企业的经营。

1998年，离开军营后的石坤山正式投身商界。

当时深圳的经济形势是：全民办企业的狂潮已经过去，市场正处于调整规范阶段，商业竞争非常激烈残酷。用石坤山的话说："许多传统的行业已经没有我的立足之地；对开个饭店、搞个服装百货的小打小闹，我也不能干，只有选择别的项目。"

凭着胆识与智谋，以及多年积累的社会资源，石坤山很快组建了深圳市广盈达投资有限公司，这个公司在高速公路和房地产开发领域屡获佳绩。石坤山从一名杰出的军官，成功转型为一个成功的企业家。

2009年8月，年近六旬的石坤山走进了清华大学总裁研修班，成了一名企业家学员。

其实，到清华念书，石坤山经过了一番思想斗争——他一开始觉得自己年龄太大了，再走进教室，会觉得不好意思。但在清华学习了一段时间后，石坤山发现自己来对了。

石坤山独特的人生经历、曾经身居高位的背景、平易近人的做事风格很快赢得了全班同学的尊敬，被同学们一致推选为班长，并尊称其为"老班长"。在"老班长"的带领下，他所在的班级L090222班可谓是"相亲相爱的一家人"，亲如兄弟姐妹，感情深厚。同学们参与班级活动的积极性也非常高，是众多班级之中最为活跃的一个班。

此次竞选会长，石坤山也经过了认真准备。当石坤山站到演讲台上的时候，在场者都感觉到了这位非常有感召力、德高望重的前辈的十足气场。

看到他，你就可以想象得到当年他指挥着千军万马、沙场点兵的场景。

他向在场的企业家学员仔细阐述了自己对博商会的理解。在石坤山看来，清华大学历来是打造领袖人物的平台；黄埔军校是打造战将的平台；

国防大学是打造将领的平台；博商同学会就是一个打造中产阶级的平台，是个永不毕业的学校。博商同学会的宗旨是"服务、奉献、分享"，来到总裁研修班的每个人都是为了进一步深造、学习。在这里，那些已经成功的，可以让你再上一个台阶；没有成功的，让你走向成功；想要成功的，博商会可以给你指路让你争取成功。博商会就是要力争使每位学员都能利用博商平台，把自己打造成商业的翘楚、行业的精英。

而对于博商同学会会长这个职务，石坤山的观点更为精辟：博商会的会长不代表权力，只代表服务，会长要"有所为，无所求！"

石坤山在台上一番激情昂扬的演说，赢得了全体人员的热烈掌声。随后，经过全体理事的公开投票选举，石坤山当选为"博商深圳同学会"的首任会长。由于石坤山曾经是军营里的高级军官，因此被博商会的同学们亲切地称为"师长级"会长。

就任后的石坤山会长不负众望，带领博商会会员们到吉林等多地进行商务考察，与多地政府、机构密切合作，倡议组建博商基金，为博商会的发展立下了汗马功劳。

2010年1月15日，博商同学会在深圳麒麟山庄揭牌成立，深圳清华大学研究院院长助理、培训中心主任罗薇，深圳清华大学研究院企业家教育咨询部主任曾任伟等出席揭牌仪式。在这个活动上，深圳博商会首任会长石坤山、首任秘书长郑义林等等集体亮相。

博商会正式开始运作。

2010年1月15日，博商同学会在深圳麒麟山庄揭牌成立，曾任伟、刘炳成以及首届博商会的会长班子登台亮相。

多种基因

博商会在深圳成立，而且是在一个与清华大学合作的机构——博商院成立，注定了其天生具有多种优良基因。

博商院招生总监曲雪梅认为，博商会之所以会应运而生，原因在于将同学会和商会的形态合二为一，同时，也避免了它们彼此之间的一些盲点，这种"二合一"式的结合是基于深刻洞察客户需求的一种创新。

在曲雪梅看来，博商会的产生，既是历史的偶然，也是历史的必然。广东地区也存在各种商会、行会及同乡会等，但它们也都有各自的盲点。随着中国经济的发展以及企业自身的发展，企业对于要参与什么样的组织有了更高、更多的要求，不仅包括传统的同乡联谊、互通有无、商业合作、产业合作，还包括持续学习，整合产业链、资金链，政企对接等多种需求。同乡会、商会或校友会等单一性质的组织，已经无法满足企业家们的全方位需求。

博商会成立将近两年的时候，秘书长郑义林写了一篇文章，总结了观察博商会的三个维度，他认为：纵观国内外，由同学关系衍生而来的同学会，大都属于民间组织，偏向纯联谊的私人性质。博商会基于同学会且高于同学会，以同学关系行商业化运作，形成同学抱团发展的局面。

中国有着源远流长的商帮文化，常以血缘、地域为其特点，如浙商、粤商、苏商、徽商等。在传统商业社会中，商帮在商业往来中起了很大作用，有效地整合了商业资源，近现代随着市场契约精神逐渐兴起，商帮功能逐步削弱，"商帮"也虚化为一种文化概念。

> **链 接**
>
> 　　商帮是以乡土亲缘为纽带，以会馆办事机构和标志性建筑的设立为标志的商业集团。
>
> 　　在古代中国，封建社会统治者向来推行重本抑末的政策。对于商人而言，国家没有明文的法律保护，而民间又对商人存有"奸商"的歧视。因而，在那样的年代，商人利用他们天然的乡里、宗族关系联系起来，形成商帮组织。商帮内成员互相支持，同舟共济，成为市场价格的接受者、制定者和左右者。同时，商帮在规避内部恶性竞争、增强外部竞争力的同时可以在封建体制内利用集体的力量更好地保护自己。
>
> 　　历史上比较著名的有十大商帮，具体为山西商帮、徽州商帮、陕西商帮、山东商帮、福建商帮、洞庭商帮、广东商帮（广府、客家、潮汕）、江右商帮、龙游商帮、宁波商帮。

　　中国有种类繁多的协会组织，作为企业、政府、消费者之外的又一种力量而发挥作用；大多数行业协会充当政府的助手，在一定范围内行使政府管理经济事务的职能，很难对企业有实质的帮助；少数民间协会虽然意图采用抱团发展的模式，但因利益难协调而被边缘化。

　　在他看来，博商会是介于同学会、行业协会、商帮组织之间的一种新型商业生态，取各家所长，有机融合而成。博商会这样的组织，之所以在深圳率先出现，与深圳独特的地方环境有密切关系。

博商会所在的深圳南山区，距离蛇口不足15公里，蛇口可谓中国最早的一块改革开放试验田，以袁庚为代表的改革开放的先行者，在蛇口动了深圳特区建设的第一锹土，敢为天下先的"蛇口精神"就此在深圳扎根，影响了一代代深圳人，更影响了全国。

在深圳博商院长期工作的一群人，以及来自五湖四海，但最终汇聚到清华以及博商院学习的企业家们，潜移默化中受到了"蛇口精神"的影响，他们在日常工作中，就一直以创新、敢为人先而著称。就拿年近六旬还到清华学习的石坤山来说，其身上就体现出了典型的敢想敢做、敢为人先的创新精神。

正是有了这么多继承了深圳创新基因的一批博商人，博商会才在深圳博商院应运而生了。这不是历史的偶然，而是历史的必然。

而博商院一直与清华大学紧密合作，这也使得博商会继承、发扬了清华大学的独特气质。百年历史的清华大学，其人文底蕴非常深厚，著名国学大师陈寅恪曾总结了几句清华人的精神特征，其中有"自强不息，厚德载物，独立之精神，自由之思想"，后来，清华大学以"自强不息，厚德载物"作为校训。敢于冲破世俗、敢于挑战传统、勇于创新，已经作为清华人的人文基调广为世界所知。

这批在博商院接受了两年清华大学教育的企业家学子们，已经深深打上了清华的烙印，清华的人文精神也已融入他们的身心。

于是，在深圳这个中国改革开放的最前沿，一批博商人将清华精神发扬光大，开创了中国行业协会、商会、同学会等多种组织融合之先河，创办了这个独具特色的"博商会"。

无可讳言，博商院先进的办学理念和有力的招生队伍，保证了博商院的持续发展，更重要的是，大量企业家学员来到博商院学习，博商会才有可能应运而生。而博商院办学的成功，为博商会前期的生存发展提供了必备而充裕的资金支持，更提供了源源不断的会员基础。

有了越来越多的企业家会员，博商会打造全新的商业文明的组织，进而实现商界理想国的梦想才有了根基。

终身学习平台

博商同学会秘书长郑义林认为，博商会是一个由企业家构成的商学合一的企业集群，这意味着，博商会先校友、同学，后商业伙伴、商会。

博商会倡议者之一曾任伟则早已清晰地看到，中国企业本身在国际舞台上是后来者、学习者，中国企业要进入世界强者之林，必定还有一段漫长的学习过程，他们需要学习的内容十分多样复杂，既有关于企业经营战略管理的知识、技能，也有企业家自身水平的提升，还包括团队建设等多方面。可以说，"学习"将有可能是一个伴随中国企业家成长之路的关键词。

正是因为看到了"学习"对于中国本土企业家具有异乎寻常的意义，才使得博商同学会在创办后和发展过程中，始终坚持将"学习"作为一个凝聚、服务企业家的关键环节，"学习"可以说就是博商同学会存在的基点之一。博商会通过一系列活动，为会员们打造终身学习与分享智慧的平台。

在课程之外，博商会想给会员们提供更多更高端的学习机会，定期寻找国内外有影响的经济学家、学术大师、商界领袖或政府要员来到博商会讲学，这样既可以给博商同学传递思想智慧，也可以充实博商会的文化氛围。

涂传华认为博商会可以借鉴凤凰卫视"世纪大讲堂"的做法。"世纪大讲堂"是凤凰卫视中文台一档较受欢迎的节目，该节目坚守"思想性、学术性"，有着强烈文化抱负，强调"独立之精神，自由之思想"，"究天人之际，通古今之变，成一家之言"，邀请了众多海内外著名的专家、学者、教授等作讲演嘉宾。

博商同学会借鉴"世纪大讲堂"创办了"博商名师大讲堂"和"博商同学大讲堂"，这两个文化讲坛，一个是"外来文化"，一是"内部养成"，它们交相辉映，不断充实和丰富博商会的文化氛围。

2010年11月11日，博商会邀请了著名经济学家郎咸平教授作《把脉中国经济，解析企业困局》专题讲座。此后，这种活动正式更名为"博商名师大讲堂"，并随后变成了长期项目，两个月举办一场。博商同学会的影响力正日益扩大。

2010年11月11日，博商深圳同学会邀请著名经济学家郎咸平教授作《把脉中国经济，解析企业困局》专题讲座，近1300名人员参加。本次活动还邀请了深圳市中小企业服务中心、深圳市教育局、东莞外贸协会、东莞科学技术协会、广州物流协会和广州服装协会等机构领导参加。

　　"博商名师大讲堂"是博商会做得比较好的文化活动。博商会通过清华大学校方资源和博商会资源，定期邀请国内外经济学家、学术大师、商界领袖或政府要员前来给博商同学"讲学"，博商同学可以集中学习和分享他们的管理智慧与睿智见解。

　　2012年3月，博商会举办了一场题为《品牌管理与战略营销决策》的名师大讲堂活动。这是博商会第一次邀请国外名师来讲学，这位名师是国际知名的市场营销学专家柏唯良（Willem Burgers）。

　　柏唯良教授是国际知名的市场营销学教授，他是中欧拜耳医药保健市场首席教授，中欧国际商学院市场营销学与战略学教授，美国密歇根州立大学市场营销学博士。柏唯良教授的研究与著述集中于市场营销、战略与国际商务领域。他最新的成果发表于《战略管理期刊》《加州管理评论》《组织行为与人类决策过程期刊》《国际贸易期刊》《中国商业评论》等著名刊物。

柏唯良教授为许多国内外公司提供咨询服务，设计或讲授公司特设课程，其中包括诺基亚、柯达、汉莎、诺华、路威酩轩、巴斯夫、通用电气、步步高、TCL、博时基金、神州数码、西门子、霍尼韦尔、惠普、联合利华、摩托罗拉、伊莱克斯、联通、深圳路安特、光明乳业、上海家化、江铃、真功夫、正阳以及三明等。

柏唯良取得的成就和头衔相当多，经常周游世界到处讲学，要想邀请他到中国深圳讲学实在不易。在困难面前，博商会秘书处克服了重重困难，才把柏唯良教授邀请过来。

由于博商会前期做了预告宣传，珠三角中小企业家、博商会会员纷纷前往聆听这位市场营销学大师的教诲。

以前柏唯良教授讲学大都是一人对一家企业的演讲模式，这一次来到博商会讲学，一下子就变成了一人对几百家企业领袖的讲学。

柏唯良教授在讲学中引用了诸多案例和故事。

可口可乐的总裁曾经这样说过："倘若哪一天，可口可乐的全部财产和工厂在一场大火中付之一炬，要不了多久，可口可乐将会卷土重来！"

对此，优势资本总裁吴克忠作了进一步解读，他说："可口可乐的所有工厂在一夜之间烧掉了，有人计算过他们的价值损失只有5%，第二天银行就会来找他们建厂，因为它的渠道和品牌都在。"

柏唯良教授指出，竞争环境的不断变化引发了白热化品牌竞争，企业要把品牌作为一种资产来经营，通过缜密的市场营销和品牌战略的制定，最终赢得市场赢得客户。

柏唯良教授提出将品牌作为资产经营的理念，给很多博商同学，特别是主营OEM代工的博商企业很大震撼。听完讲座之后，博商同学都意识到品牌的强大作用，品牌是最强韧、最具生命力的资产，永不泯灭。

2012年7月，财经作家吴晓波来到"博商名师大讲堂"文化殿堂，作了一场题为《中国改革史上的2012》的报告。吴晓波毕业于复旦大学新闻系，是国内著名的财经作家，"蓝狮子"财经图书出版人，上海交通大学EMBA课程教授，哈佛大学访问学者。吴晓波常年从事公司研究，代表著作有《大败局》、《激荡三十年》、《跌荡一百年》、《浩荡两千年》等。

博商同学十分期待能分享到吴晓波老师关于企业逆势成长的经验。为此，吴晓波老师在《中国改革史上的2012》的报告中，指出了逆流时期的企业成长六法则，包括：坚守专业化导向、坚持生产好产品、重建消费者关系、提升文化创新力、注重现金流管理、实现弯道的超越。吴晓波老师通过新近鲜活的案例把这些法则讲得通俗易懂，让博商同学受益匪浅。

博商会办"博商名师大讲堂"有两个特点：第一，讲堂主题吻合博商同学的需求，主要以探讨经济问题为主；第二，讲堂主题大多是与企业管理、品牌建设、市场营销等相关的经济问题，这些都是当下博商企业最关注、最急需解决的问题，通过大量专家学者的多方位解读，让博商同学认识问题更加全面、更加深入；也有少部分经济大环境、政策解读和法律知识等。

迄今为止，博商会已经举办了10多场名师大讲堂，邀请的名家包括：著名经济学家郎咸平，清华大学经济管理学院魏杰教授，国民经济研究所所长樊纲教授，品牌营销专家李光斗，品牌中国产业联盟保育钧副主席，中国军事科学院战争理论和战略研究部研究员江英老师，著名国学家爱新觉罗·启翊老师，国际知名的市场营销学专家柏唯良、蔡继明教授，中国知名经济学家许小年教授，财经作家吴晓波，著名经济学家矛于轼等。

博商会汇聚万余名企业家同学，这些同学里卧虎藏龙、精英辈出，有的具有丰富的企业管理实战经验，有的具有投资理财的专业知识，有的具有丰富的商务活动运作经历，有的具有多年网络营销专长。

除了名师大讲堂之外,博商会还定期举办同学大讲堂,博商会邀请某一领域有突出成就或深刻研究的同学来作主讲嘉宾,类似名师大讲堂一样,搞一个"内部精装版"。

这些博商同学通过同学大讲堂，一方面把自己的管理经验无私地拿出来与博商同学分享，另一方面也促进博商会团队的文化建设活动，形成互相学习、共同进步的良好文化氛围。

2011年2月，经过博商会的组织策划，首次"同学大讲堂"在深圳开讲。博商深圳同学会副会长王涛"自告奋勇"，作了《商务交流暨企业融资商务计划书的写作要点》专题讲座。

王涛告诫博商同学们要想做一分完美的融资商务计划书，首要问题是把企业经营好，提高现金流和盈利水平，这样才容易找到投资商合作。其次，商业计划书要有简短的摘要，后面的具体说明不宜过长，篇幅一般以10页1万字左右为宜。博商同学要通过简洁清晰的表达，让人家明白企业能做什么，核心竞争力在哪里。最后，博商同学要对投资商的情况有所了解，掌握投资商的重点投资领域，并作一些前期沟通。

除深圳外，广州、东莞、佛山、惠州、长沙等地的博商会，也先后开展了各种学习活动。

广州博商会："博商论坛"走进企业

2010年5月8日，博商广州同学会首届"博商论坛"成功举办。让专家和博商企业大为不解的是，论坛不在高档豪华的酒店举办，也不在设施完善的度假村里召开，而是选择在博商会企业广州万晶半导体照明科技有限公司里面召开。原来，本次"博商论坛"的主题是"面对真我，共同超越"，主旨是对广州万晶公司的管理问题进行面对面的访谈和交流，让专家团队现场解决企业的发展瓶颈。

2011年2月22日，首次"同学大讲堂"在深圳开讲。博商深圳同学会副会长王涛，作了《商务交流暨企业融资商务计划书的协作要点》专题讲座。

在万晶公司的这场"博商论坛"中，博商企业万晶公司先进行自我剖析，阐述经营之道，专家和同学们根据现场参观和分析，提出了一系列管理建议，帮助万晶公司规避各种风险。

东莞博商会：开展博商企业互访交流活动

东莞博商会在黄伟文会长的领导下，理事会成员积极配合，创新开展博商企业互访交流活动。

2010年5月，博商会东莞分会成功举办了首届企业互访活动，第一站参观吴卫臣同学的企业——东莞市洋臣家具有限公司，其主要生产和销售家具。第二站参观周银香同学的企业——东莞市宝林滑轨制品有限公司，其主要生产滑轨制品。这些活动，让博商同学学习到了很多专业知识，极大激发了博商同学的创新思维和创新灵感。

东莞博商会开展博商企业互访交流活动的主要目的，是让多产业相容相生，激发博商企业不断学习、不断创新。黄伟文会长之所以要在博商会会员当中创新开展博商企业互访交流活动，这跟他的创业经历有很大的关系。黄伟文是东莞炜文实业投资有限公司的董事长、东莞酷配电子商务有限公司的董事长，可谓汽配业的开路先锋。

1987年，二十出头的黄伟文来到东莞大朗，靠做服装边角料生意赚取了人生第一桶金。2008年投资落成华南国际汽配城，同时推出一个汽车配件、汽车用品电子商务平台——酷配网。黄伟文的成功法宝有五个，分别是"品、赢、才、责、和"，这与博商会名誉会长曾任果构建"学习型、竞争型、和谐型"团队有异曲同工之妙。

黄伟文特别注重"才"，即才华和技能，有才就有追求精神财富和物质财富的资本。那么才华和技能从哪里来？主要通过后天教育和学习得来。所以，东莞博商会十分注重开展博商企业互访交流活动，让博商同学在不断学习中积极创新、超越自我。

2010年8月，在黄伟文会长的沟通和策划下，博商会东莞分会组织40多名同学参观访问了东莞刘伟杰同学的企业——环宇科技学习有限公司。在环宇科技公司，博商会的会员们享受到了光影科技创新的巨大魅力——变幻无穷的激光束幻化出五彩斑斓的虚幻世界；特效激光水幕电影《木偶奇偶记》，通过综合运用激光、水影、雾影、墙面、池水、夜空演绎出一部虚实结合、亦真亦幻、令人叹为观止的高科技光影剧。

活动结束后，博商同学会对于民族工业的创新精神和创新意识感到十分自豪，并表示希望通过不断的互访学习，互助交流，让自己的企业快速走上创新发展的道路。

链接

欧美同学会：由中国留学海外的归国同学自愿组成的群众团体,它传承留学报国的爱国主义精神,团结海内外留学人员,用国外先进的科学文化知识和进步的思想理念,为国家强盛和民族振兴贡献力量。该组织积极发挥会员专业特长,开办各种咨询、信息服务和人员培训,为中外各行业的合作项目或交流事宜开辟渠道。欧美同学会目前拥有会员1000多人。

耶鲁大学的骷髅会：世界上入会条件最为苛刻的同学会之一,被喻为通往美国权力巅峰的秘密通道。因为参加"骷髅会"的基本都是美国的名门望族,例如洛克菲勒家族、布什家族、洛德家族、菲尔浦斯家族、庞蒂家族、哈里曼家族、塔夫脱家族、古德伊尔家族、佩恩家族和惠特尼家族等等。

骷髅会创始人威廉·亨廷顿·罗素制定了令人望而却步的入会条件,骷髅会新会员需同时满足三个条件才能征选入会。第一,要出身于美国东部的豪门世家,最好是从英国移民、带有贵族血统。第二,要受过良好的教育,中学阶段最好在贵族寄宿学校上过学。第三,要爱好体育,具有竞争精神,最好有军队服役经历。由于条件苛刻,每年大约只有15名同学加入骷髅会,每年骷髅会成员仅保留在800人左右。该会虽然规模小,但是它能协助会员获得权力和财富。所以,很多名门望族子弟都希望能够加入骷髅会。普通同学一旦成为骷髅会正式会员,也就等于获得了进入美国上层社会的敲门砖和通行证。事实证明100多年来美国政界、财界、学界的精英,大多都是骷髅会会员。

探索新商业文明

不论你在什么时候开始，重要的是开始之后就不要停止。

柏拉图

博商会虽然是同学会、行业协会、商会等组织的综合体，但这个群体的一个显著特征是——八成以上会员都拥有自己的企业，是企业家。这种身份决定了这个组织不可避免地会与商业产生联系。不过，由于这种特殊的关系，基于博商会的商业活动与社会上的大多数商业活动不同——其真实性非常高，可信任度非常高，交易费用很低，因此成功率也就很高。

而博商会也正在积极打造这样一种值得信任的新型商业关系。因此，博商会体现了超越传统商业文明的所谓"新商业文明"的特征。这种从同学关系衍生出来的新型商业关系，经历着惊险一跃。

"巴马会议"

2011年7月28—31日，在博商会正式成立一年以后，博商深圳同学会第一届第六次理事大会暨博商基金第三次董事扩大会议在广西巴马长寿村举行。

此次到会的博商会理事人数达到了历史新高——一共到会90人。同时，这是博商会历史上议题最多、走得最远、意义最深远的一次会议，在博商会不长的发展历史中，具有划时代的意义。"巴马会议"因此被载入博商的史册。

商界理想国

2011年7月28-31日，巴马会议——博商深圳同学会第一届第六次理事大会暨博商基金第三次董事扩大会议在广西巴马长寿村举行，这是议题最多、走得最远、意义最深的一次会议；它具有划时代的历史性意义，被载入博商史册。

　　广西巴马是"世界长寿之乡·中国人瑞圣地"，在这块神秘的土地上，长寿养生文化源远流长，有颇具少数民族风情的仁寿山庄，有桃花源般令人难以忘怀的盘阳河秀丽风光，有名扬中外、百岁老人汇聚的长寿村，有被英国探险队称之为天下第一洞的百魔洞……

　　这些在商场搏击、在繁华的都市又奔波了一年多的博商会理事们来到巴马，可以放松心情，充分感受当地的风俗民情，又可以静下心来，总结博商会一年多来的发展，认真分析博商会存在的问题，探讨博商会的未来发展方向。

博商会秘书处将会议地点精心安排在这里，可谓独具匠心。

7月29日上午9时，理事成员们不顾前一天路途上的奔波，准时到场参加会议。本次会议由郑义林秘书长主持，《博商》艺术顾问方斌居士、慈善专家张鹏万先生、"老虎"教练汪庆辉作为特邀嘉宾列席了会议。正式开始前，理事们欣赏了新鲜出炉的博商深圳同学会的宣传片，这是让更多清华学员初步认识博商同学会的窗口。

一年多来，博商深圳同学会发展迅速，成绩显著。"巴马会议"的目的是总结经验，做大做强博商会，使之成为影响中国乃至全世界的优秀商界组织、商学院校友会的标杆。

此次会议的主题是"统一思想，完善规章，齐心协力，再创辉煌"，会议主要议题有：新老理事增强了解与情感的交流；第一届第六次理事大会暨博商基金第三次董事扩大会议；讨论慈善组织架构和未来的发展方向；成立养生俱乐部，打造休闲养生的健康平台。

博商会名誉会长曾任果在致辞中讲了三个关键词："感谢、期望、祝福"。他说，大家相聚于此，共谋博商发展之路，使其日益壮大，感谢嘉宾的到来、同学们的积极参与及秘书处的付出！更加感谢博商基金对本次"巴马之行"的大力赞助！期望同学间的友谊更加深厚，博商基金的发展更加稳步！学校全力支持慈善会的工作和养生俱乐部的成立。祝福博商同学会长足发展，早日成为商学院校友会的标杆！

此次会议新增补理事林仁祥、黄明强、刘伟、饶志辉、邹强、梁诗万、黄燕平分别简要介绍了自己。郑义林秘书长向各位理事作2011年上半年工作总结报告和下半年工作计划汇报。他表示，博商会所取得的成绩有目共睹，但依然需要各位理事贡献智慧和力量，再创佳绩。

头脑风暴的时间，博商会的各位理事踊跃发言，发表自己对博商会的看法，为博商会的发展献计献策。

刘文健同学代表惠州班，邀请博商会到惠州作介绍，让惠州同学对博商会有更多的了解；博商卡不仅仅是挖掘优惠的渠道，还是打开融资的绿色通道，应选对银行进行深度谈判，开展信贷融资。

姚海英同学建议成立建筑行业协会，整合相关产业链，让同行业者交流更多、情感更深。

李翠兰同学期待博商大厦早日落成，她希望博商会将清华文化、博商精神延续下去，打造第二代接班人的平台。

"巴马会议"再次确认："博商基金运作基本正常，机构也已健全但不完善；博商基金合伙人大会是由独立出资100万元者和各班股东代表组成的最高权力机构；博商基金团队有待加强，计划新增有奉献精神和丰富投资经验的基金副总经理2名；博商基金管理更加规范化，所有投资项目必须经过董事会及合伙人代表会议讨论决定。"

会议最后，各位理事表示，大家都是精英中的精英，要融入各俱乐部之中，以博商精神"奉献、服务、分享"继续做好博商深圳同学会的各项工作。

一天的主题会议结束后，到会的多名理事成员兴致勃勃地与当地少数民族载歌载舞，玩得不亦乐乎。盘阳河是巴马寿乡的母亲河、长寿河，水清见底，色如绿玉；两岸凤尾竹的婆娑风姿更给沿岸带来了盈盈绿意，两岸群山如黛，翠竹倒映在河里，如梦幻般美丽；坐船游览的我们相互嬉戏玩水，看着大自然赋予的奇景，开心不已。在长寿村里，大家感慨着百岁老人们的健康长寿秘诀；百魔洞中，栩栩如生的岩洞奇景更让博商会的各位理事们为大自然的魅力叫绝。

自我造血践行新商业文明

博商会在搭建平台、实施新型商业模式的过程中，遇到的最大问题，还是资金。

博商会成立初期，与很多行业协会、商会类似，经费来源非常单一，主要靠会员缴纳的会费。与一般的行业协会、商会不同，博商会的会费是一次性缴纳、终身享受服务的，最开始每个会员只缴纳1000元人民币，后来调整为2000元人民币。由于每年新增的会员数量有限，因此，最开始的时候，博商会的经费来源非常少，无法支持越来越多的活动要求。为此，校方每年支持博商会的发展过百万元，包括秘书处人员的工资奖金、大型活动的部分经费支持并给博商会提供了最好的办公地点。

但是，这种来自校方的补贴并非长久之计。

石坤山指出："经济基础决定上层建筑，没有经济基础，博商会就走不远。"

让博商会能够自己获得持续的经济来源才是正途，这不但是博商会生存的需要，更是博商会持续发展壮大的前提。试想，一个连自己的生存都无法解决的组织，又何谈建立新的商业文明、进而带领众多企业家构建一个商界理想国？

博商会理事会成员经过自我剖析，认为博商会拥有众多同学资源、行业资源，人脉就是金脉，可以通过适当的方式把博商同学富余闲散的资金集中起来，寸积铢累，最终实现质的突破，再通过有偿投资，共同分享投资收益。

博商会要募集资金，绝对不能走歪门邪道，而要名正言顺，一开始就要做到合法。博商会理事杨志刚是广东卓越律师事务所的资深律师，他为博商会各项活动提供了必要的法律咨询和援助。杨志刚指出，博商会既不是金融机构，也不是集团企业，而是一个组织，要想募集资金需要建立一个独立的投资基金，制定章程明确募集资金用途，走政府审批途径，以确保合法性。

为了合法办投资基金，博商会名誉会长曾任果找到石坤山、赖爱忠等理事会要员商议具体事宜。石坤山、赖爱忠认为，此事不能操之过急，可以先小试牛刀，实施第一次造血计划，看看到底能募集到多少资金，用于投资的回报是多少，如果募集的资金较多、回报率较高，大家才有兴趣合伙成立投资基金。否则，一切免谈。曾任果认为这件事情事关重大，需提交理事会议决议。

2010年8月6日，博商深圳同学会第三次全体理事大会在宝安西乡刘焕棠的企业举行，现场表决成立"博商深圳造血基金"，为深圳同学会造血。

2010年8月6日，博商深圳同学会第三次全体理事大会在宝安西乡刘焕棠企业举行，现场表决成立"博商深圳投资造血基金"，为深圳同学会造血。

会上，石坤山提出了一份翔实的"造血计划"，对筹集资金和投资方法进行充分论述，并提议将造血盈利的40%捐给同学会作为活动资金。

在博商会会员的大力支持下，第三次理事会宣告成立"博商深圳同学会造血基金"，博商会理事成员以"自愿投资"为原则，不限金额入股，并委托赖爱忠的富来投资管理有限公司负责操作，还配有资金监管人员和指定法律顾问。

赖爱忠为博商深圳同学会副会长，其创业经历相当丰富：修过公路、做过装修、开过士多店，在做粮油批发过程中赚取了人生第一桶金，后来为了规避市场风险不断转型、不断创新，最后进入了金融投资领域。在金融投资领域，赖爱忠取得了不凡业绩。

即使如此，大家毕竟是第一次参与这种投资，还是有很多人有顾虑。

为解除投资人的后顾之忧，石坤山主动提出，自己作为这笔资金的保底担保人，一旦投资失误，自己将承担保底风险。德高望重的石坤山会长如此表态，让所有在场的企业家会员们都感动了，纷纷解囊。

很快募集资金546万元。

短短三个月后，也即2010年11月，富来投资管理有限公司斩获收益，实现本息全部退出，盈利187万元，当时算得回报率高达34.65%，比存银行三个月定期要高出30多倍。

这个项目的成功，使博商会获得了一笔不菲的发展经费。

博商基金的尝试

第一次造血计划大获成功，石坤山、赖爱忠、曾小明、陈万强等理事会成员大受鼓舞，决意在博商会组织内部成立一个独立的基金，将这种造血常态化，成立博商基金，进行商业运作。

博商会常任理事刘焕棠曾经表示："据我所知，搞一次活动比如说年会，场租最低50万元。经济是基础，造血要继续延续下去，否则后面的活动很难搞下去。"

曾任果认为要成立基金会，首先要成立基金会委员会，推举委员，从而将各项工作落实到人，这样才能有效推进实施。

于是，在2010年11月博商会召开了第四次理事大会，隆重成立博商投资基金委员会。在会上赖爱忠当选为首届投资基金委员会主席。校方代表、博商会名誉会长曾任果在致辞中说："博商会有别于校友会，没有任何成功经验可以借鉴，只能摸索着成长，找出一条符合我们博商自己的道路。"曾任果十分清楚，博商会这个综合性、多功能、跨区域组织本身就是一个创新组织，由其成立的博商基金会，更是空前创举，虽然投资收益不可控，也没有任何成功经验可以借鉴，但是博商人依然要摸索着前进。

自从赖爱忠被推举为首届投资基金委员会主席之后，一直想着加快合法注册博商基金的进程。2010年年底到2011年年初，为了加速领到博商基金的执照，赖爱忠前后亲自去了10多次工商局，请求加速报批。

不过，博商基金这种有限合伙基金的创立形式，在深圳还是首次，这给当地政府相关部门出了难题。如何监管、如何征税、如何追责、如何不违背现有政策，为了这一系列的新问题，国税、地税、工商、司法等部门进行多天商讨，最后认为深圳是特区，可以特事特办，酌情处理。赖爱忠动用了自己多年来积累的丰富人脉资源，与各类监管部门进行沟通协调，在银行、税务、银监会、证监会等处奔走游说。最后，深圳第一支有限合伙基金"博商基金"，于2011年3月正式获批注册成立，注册资本高达1亿元人民币。

博商基金合法注册之后，石坤山被推举为深圳市博商基金有限合伙企业董事长，赖爱忠、曾任果被推举为副董事长。新一届领导班子提出了博商基金投资的"73原则"。具体做法就是：第一，对未上市公司进行股权投资，但是投入资本不超过合伙企业实有资金的70%。第二，对上市公司有价证券进行投资，投入资本不超过合伙企业实有资金的30%。无论是未上市公司还是已经上市公司，主要还是从优秀的博商企业当中进行选择，做好价值投资和长线投资，大大降低了投资风险。

2011年的"巴马会议"上，举行了博商基金第三次董事扩大会议。博商基金财务总监艾丽琴作了财务报告，向与会人员汇报资金的到账情况和近期投资项目的出资情况。博商基金总经理赖爱忠介绍目前已投项目及近期项目考察情况。投资总监、富来董事长文婷表示，将秉承博商精神，有能力、有信心服务好大家，也会全力与志同道合之人做好博商基金。博商基金独立董事兼法律顾问曾小明，从法律角度和理事们讲述了基金规范化和风险控制的相关理论。

此次博商基金第三次董事扩大会议上，与会的博商会同学们纷纷就不清楚不明白的事宜提出自己的疑问，基金管理团队给予回答，并表示会进一步规范、完善各项规章和投资流程。

在博商管理团队的共同努力下，通过市政府、行业、投资团队、同学企业等途径进行调研，基金全力挖掘好的项目。目前，博商基金已经对LED聚作实业、迈锐光电、广州澳得林、株洲西迪硬质合金完成投资，近期将投资大富豪实业、环西氨基酸口服液等项目。

现在博商会运作的费用来源主要包括博商同学会的会费、博商卡管理费、博商网和博商杂志上广告费等及未来博商基金产生的收益的5%，秘书处工资由校方支付。博商会基本解决了生存发展必需的资金问题。

博商商业文明，就是对待财富的一种态度，君子爱财取之有道。博商会将同学人脉化为商业金脉，汇聚博商同学富余资金进行集中投资、价值投资和长线投资。虽然投资受到金融大环境的影响，博商基金的未来收益还无法准确预测，但是，博商会以谨慎负责的态度，既搭建了一个分工明确的投资委员会，又形成了鲜明的投资规则。

博商基金有限合伙企业的正式成立，意味着博商会的投资功能被剥离出来，博商会在商业化、专业化投资方面已经迈出了可喜的一步。

撮合商机，分享收益

除了那次的造血计划为博商会赚取了一笔经费外，一些在博商会平台上达成的商业合作，也主动与博商会分享利润，支持博商会的发展。

南国水岸是由博商会会员们一起创立的，该水岸的收益除了回报出资同学之外，每年还会赞助博商一年一度的年会。

这种做法类似于日本商工会议，日本商工会议所是综合性商会组织，它的会员以城市为单位建团，具有联合会的性质。日本商工会在经济发达地区组建机构，整合当地中小企业资源、促进区域经济发展，并从中分享企业成长的收益。

在商会组织最成熟的美国，也有类似的做法。

美国商会成立于1912年，它是美国行业协会的总代表，也是世界上最大的商业联盟，它扮演美国企业代言人的角色，主要的活动就是维护企业利益。美国商会等行业协会的经费主要来源于企业按照各自规模所缴纳的会费、行业协会自身的经营收入以及各方面的赞助捐款。由于会费数额有限，美国行业协会便通过组织大型会议、举办商务讲座和学术研讨会、帮助企业打官司以及提供贸易和法律咨询等有偿服务解决更多的经费问题。当然，美国商会对会员的服务收费要明显低于非会员企业。

博商会以全心服务于会员企业为宗旨，并开拓了更多获得经费的渠道，因此博商会还没有完全按照市场经济规律运作——博商会组织的大型行业交流会、经济专题讲座和投资融资研讨会等活动，博商会员凭博商卡就可获得一些免费参加的名额。

从这个角度看，博商同学会在某种程度上超越了美国和日本的商会组织。

五大支柱，撑起未来

2012年4月10日，博商深圳同学会第二届第一次常务理事大会成功召开。

此刻，博商同学会已经成立两年。虽然成立的时间非常短，但博商会在深圳地区、珠三角乃至国内，已经初具影响力，与多地政府、行业协会、商会结成了密切关系，获得了广大企业家们的认可。

同时，博商会的规模也获得了巨大提升，从最初的数百名会员发展到了近万名会员。而会员之间基于兴趣、商业、慈善等等达成的各种合作也如雨后春笋般出现。在发展如此迅猛的情况下，深圳博商同学会自身的管理架构也迫切需要完善。

曾任伟等博商同学会的早期发起人敏锐地意识到了这个问题。在一次会议上，曾任伟指出，博商会这两年是非常关键的阶段，在看到成绩的同时，或许更应该把博商会的管理正规化，完善博商会的组织架构，为今后的工作打下良好的基础。

为了更好地服务会员，提升服务效率，同时加强监管，这次会议决定，博商会把组织架构重新梳理，最终形成五大委员会：慈善委员会、发展管理委员会（简称"发管委"）、行业委员会、商务委员会和兴趣委员会。会议还进一步明确了六位副会长的分工，常务理事选择适合的俱乐部配合副会长工作，进行相关的职责管理。每个委员会都在各自负责人的领导下，有条不紊地组织活动。

2012年4月10日，博商深圳同学会第二届第一次常务理事大会成功召开。这次会议的召开，进一步明确了六位副会长的分工，常务理事选择适合的俱乐部配合副会长工作，进行相关的职责管理。

　　博商会从三大俱乐部的简单架构，变为了五大委员会、二十多个俱乐部的立体结构，博商会的组织架构日益完善，标志着博商会的发展进入了一个新阶段。此后，博商会更加注重精神与文化建设。

博商会架构

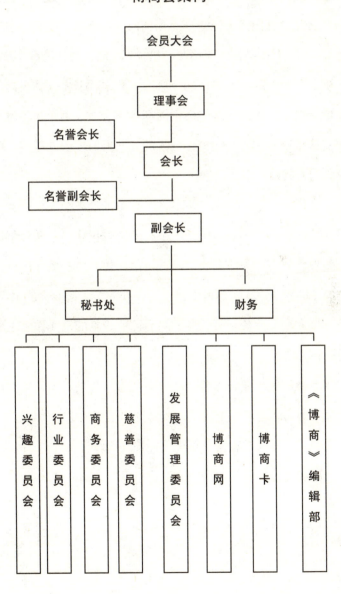

2012年7月5日，博商深圳同学会第二届第一次全体理事大会在深圳麒麟山庄隆重召开。曾任伟主任，博商深圳同学会石坤山会长，名誉副会长曲雪梅老师，副会长廖英武，李培源、赖爱忠、赵忠、陈步霄、郭晓林以及90多位常务理事及理事与会。会议由博商同学会秘书长郑义林主持。

　　在此次会议上，曾任伟首先感谢深圳博商会成立两年来各位理事和同学的鼎力支持和帮助，博商会也在众人的共同努力中越办越好，朝着一个具有重要影响力的商界组织迈进。

　　当天的会议上，还产生了10多名常务理事和理事，现场，新任理事们举起右手、放在胸前，神圣而庄严地举行了宣誓仪式。这些理事们赞同博商会的工作理念，愿意为博商会的发展贡献一份心力。新任理事的就职，为博商会的核心班子注入了新鲜血液，进一步完善了博商会的组织。

　　本次理事大会上，各副会长分别对自己所管辖的范畴作了工作总结和汇报，公开相关的财务收支公告。

　　2012年上半年，行业、兴趣、商务、慈善、会员发展管理委员会等五大委员会都不约而同地举办了活动，或者列出了相关工作计划。

　　博商会进入了一个常态化、正规化的发展阶段。

　　那么，博商会该如何发挥潜力、进行新商业文明的尝试？

基于同学之情，让一加一大于二

现阶段市场环境无限放大之后，诚信显得异常匮乏。诚信的缺失是导致中国虽然经历改革开放30多年，却频频出现产品质量危机、品牌危机的关键，地沟油、三聚腈氨奶粉、瘦肉精等事件，实际上考验的就是企业家的诚信。而由于市场环境缺乏诚信体系，早期博商院几近覆灭。

世界迅速进入透明度更高、相互依赖性更强的全球化时代，寻找可信赖的合作伙伴对于商业经营的重要性不言而喻。

在越来越多元化的社会中，我们能够相信谁？最近，中国有一项调查发现，在"最信赖的人"排行榜中，"父母"排第一，"配偶"排第二，"兄弟姐妹"(39.1%)的信任度则由第二位降至第三位。而且，"配偶"(56.0%)的信任度远远低于"父母"(90.3%)的信任度；此外，与去年相比，只有1～3个可信任的人的比重上升了，而选择"6个及以上"的明显下降了。这则调查揭示出一个严峻的社会问题：中国社会人际信用的圈子在缩小，现在的中国社会正处于"熟人社会"向"陌生人社会"转化的时期，人们越来越倾向于"不要和陌生人说话"。

越来越多的人发现，提升经营效率是市场竞争的终极武器。低信任度会导致钩心斗角、人际冲突、部门对抗、患得患失的思维和攻防模式的交流。所有这些都会使决策、交流变缓，使人际关系变得复杂，交易成本上升，从而导致经营效率低下。因此，低信任度是个人、家庭和企业经营中最大的敌人。

但是，缺乏诚信是当下的一个社会问题，绝非一人或一个组织的力量所能彻底改变。

在诚信缺失的大环境中，除了少数亲戚朋友之外，人们最容易信任的就是同学了。同学关系是社会关系中最重要的资源之一，很多商业关系都从同学关系衍生而来。中小学的同学因为年代久远，很多同学已经无法联系，而大学同学、培训班同学跟企业家当前的工作和社会活动有着密切的联系，所以他们更容易信任近5年内结交的同学。博商会的成立和存在的首要前提，就是基于长期同学关系的信任平台。由于有了同学的关系存在（参加博商会的企业家会员，都必须先到清华大学或博商院学习），大家经历过共同的学习、生活，更加全面地了解彼此，建立深厚的情谊，进而衍生出各种商业合作。

用同学关系构建商业信任，可以说是同学经济的核心所在。

哈佛商学院是发展同学经济的佼佼者。众所周知，哈佛为同学们提供了两大工具：一是在学校学到的对世界经济全局的综合分析判断能力；二是哈佛强大的、遍布全球的校友网络能为哈佛同学们提供宝贵的商业信息和信任支持。例如在华尔街的各大风险投资基金中，找到哈佛校友、哈佛同学就是找到了信任和依靠。

当下社会的交易成本畸高，除了很多其他的复杂因素外，诚信度差是最重要的因素之一。由于缺乏信任，人们对各种交易、交往都充满了疑虑，都不得不花费更多的成本去考察对方的诚信度。如果一个社会解决了诚信问题，比如达到了80%，那么，商业交易成本或许就会降低80%。诚信是建立高效商业社会的基石，更是建立美好社会的前提。

尽管中国当下大的社会环境在短时期内无法改变，不诚信的例子比比皆是，但就博商会而言，完全可以在博商会内部这个小环境里，营造诚信的氛围。

博商深圳同学会副会长陈步霄是香港路华集团董事长，这位花甲之年的成功企业家有句名言："我有今天的一切，与我一直以来坚守诚信、拥有过人的意志力以及对未来有永无永境的追求有关。"

出生在广东汕尾陆丰县的陈步霄在1974年那个动荡不安的年代做了"逃港青年"，当时他年仅25岁。在成功逃到香港之后，陈步霄努力工作，做起了家用煤气、工业渣油生意并成功赚取人生第一桶金。有了钱不能抱着等贬值，要想保值增值就要进行投资。1999年，陈步霄回到深圳成立路华科技（深圳）有限公司，后来发展为集团企业，主要产品有电源、笔记本电池、数码电池、各种型号充电器和电池测试设备等。在2011年4月，路华集团还花数亿元在云南保山市开发大型工业园，在业界拥有较高的影响力和大批追随者。

这说明，即使在普遍不够诚信的社会大环境里，还是有一批讲诚信、追求诚信的企业家，而且他们由此获得了成功。

在曾任伟等校方领导看来，在博商会中，企业家应该对制度和规律有高度敬畏，人与人之间有新的规则，人与人之间关系的处理不是零和博弈，更多的是合作共赢、利益共享，这一切的前提是诚信。这也正是曾任伟一直以来构建新的商业文明，进而创建商界理想国梦想的重要基础。

博商会十分注重发展博商同学之间的感情，通过鼓励总裁培训班学员入会，为博商企业编织一张无形的同学网络，让他们找到知心朋友、生意伙伴和莫逆之交。在博商会组织的各种各样的活动中，博商同学相互交换名片、相互分享创业故事、共同娱乐休闲，这种有意无意地共同学习、生活，为以后共同打造一番事业作了铺垫。

这种基于博商会同学关系而达成的商业合作，结成的真心朋友，在博商会非常普遍。南国水岸、芙蓉楼、湖北孝昌LED全产业园、河南洛阳动漫产业园等等是比较典型的案例。

博商会副会长郭晓林就在博商会认识了一大批好朋友，其中不乏与惠州万盛兴五金董事长陈万强这些前辈结成的莫逆之交。

曾经的招商石化石油公司销售女状元、在深圳塑胶行业打拼了近20年的得原塑胶有限公司董事长练威等博商同学会会员说，尽管她们在社会上担惊受怕、处处提防，但回到博商会后，可以充分地放松心情，放下所有提防之心。

树立开放透明的诚信规则

但是，诚信体系的建立并非只靠同学关系、道德约束，这仅仅是建立初步信任、构建熟人社会的基础，但并非充分条件。要真正营造诚信环境，更重要的还是要靠严格的规则体系。博商会在制订诚信规则上作出了很多尝试。

2011年7月，在博商基金第三次董事扩大会议上，博商会理事郑洪伟建议在博商会内部设立诚信机制，鼓励同学间生意往来；但不要破坏这个资源平台，违背或不守信用者将被列入黑名单。

郑洪伟是华科伟业电路总经理，回顾多年创业经历，他说自己成功的秘籍就是诚信+惊喜。

郑洪伟白手起家，在2003年成立了测试冶具事业部，在业内最先实现24小时加急测试冶具，比同行业正常交货期要提前2天，不仅诚信守约还给客户带来惊喜。在规定的时间内交货，这是商家交易之间最起码的信用。为按时交货，郑洪伟可以不赚一分钱，甚至自己贴钱。诚实守信的他最终赢得了事业的辉煌。

郑洪伟的提议得到了理事会其他成员的认可。在博商会理事会的指导下，博商会秘书处制订了诚信奖惩体系，包括建立重大事件备案、履约跟踪、诚信奖励、黑名单等，博商会有权对博商企业的诚信度进行调研、认证、担保，根据诚信度进行奖励和处罚。这个诚信奖惩机制一方面对于诚信的博商同学、博商企业奖励宣传，形成榜样和标杆；另一方面对于博商企业、博商同学不诚信的行为进行严厉打击。博商会企业之间进行重大战略合作，博商企业可以请求博商会进行诚信认证和诚信担保。

对于各种可能带来风险的违规行为，博商会都明确禁止，并公告给所有博商会员；对博商会的所有个人会员和企业建立诚信档案，一旦发现有会员或企业出现有意识的不诚信行为，一经证实，将会开除其会籍，终身不能参会。非但如此，还将把这个会员和企业列入博商会的黑名单，昭告所有博商会的会员和企业，让所有博商会员和企业都远离此人和此企业。

博商会建立诚信机制，对可能出现的不诚信会员进行预防和打击，主要是当下缺乏诚信的特殊市场环境所致，博商会不得不防；这也顺应了博商同学事业发展的要求，因为没有诚信机制保障，这些交往不多的"同学"之间，是不敢贸然做大生意的。

博商会还建立了有效预防内部腐败的管控机制。

华为总裁任正非在2010年新年献词中，表达了自己对内部腐败的担心："没有什么能阻挡我们前进，除了我们的内部腐败。"在任总看来，内部腐败是诱发企业诚信危机的毒瘤，可见，博商会自身也要时刻警惕贪污和浪费问题，杜绝腐败现象。如若不然，一旦暴发诚信危机，将会失信于人，失去博商会员，如日中天的发展态势也将迅速坠入万丈崖底。

博商会的章程规定，博商会的理事享有对博商会活动进行监督的权利，而博商会的会员享有对博商会理事会进行监督的权利。这种既有理事、理事会、监事会的交叉监督，又有会员与理事的互相监督的制度，可以最大限度地稳固博商会内部的诚信根基。

未来，博商会将会成立类似华为采购稽查部这样的部门对内部腐败进行坚决打击，实现"零容忍"。不过，现在博商会正处在婴儿期，博商会与其他行业组织的交易还不是很频繁，内部腐败稽查这个功能暂由秘书处代劳。

其次，博商会还强化外部监督作用。

多年来，博商会不断加强社会监督和校方代表监督的力度，首先公开博商会办公会址和日常联系部门，以方便接受社会监督。

作为一个社会组织，博商会还接受政府相关部门的监督和指导。而博商基金还接受银监会、证监会的监督，定时呈报必要的审查文件。除了政府监督之外，博商会还以开放的心态，欢迎同行和媒体进行监督。

博商会举办的很多活动中，不论是慈善活动，还是行业交流会，都会有意识地邀请当地商业协会的相关人员共同参与，实施走动式监督。在各届理事会议中，相关部门都会将各项活动的财务支出明细列出，提请大会监督和讨论，并做好会议记录；此外，还在博商网和《博商》杂志定期公开公布相关活动账目，以供社会各界、全民查阅、监督。

监督体系是保障博商会诚信基石之所在。如果不开放、不接受社会监督，博商会只能存活在自己的小世界里，而融入社会，博商会就能借助社会强大的舆论压力和媒体监督环境，大大提升自身的诚信形象。

不与会员争利

博商会会员仅仅缴纳2000元费用，就可以终生享受博商会的服务。从理论上讲，只要会员活到100岁，博商会就得服务到100岁，这种承诺是庄重而持久的。

由于博商会每年都举办众多活动，其中不乏高端论坛，会员们享有的服务显然是超值的，而博商会坚持全心服务于会员的理念，坚持不从会员身上赚钱，不与会员争利。

博商会举办的各种报告会、行业交流会和高峰论坛都是让博商同学免费参加，而且活动质量很高，博商会邀请的都是财经界里的名家名流作为演讲嘉宾。在博商名家大讲堂中，博商会就邀请到著名经济学家郎咸平、清华大学经济管理学院魏杰教授、国民经济研究所所长樊纲教授、品牌营销专家李光斗、品牌中国产业联盟保育钧副主席等专家学者为同学们讲课。博商会只是在为会员们提供一个交流与分享智慧的平台。

事实上，很多行业协会、商会，以及一些社会组织，恰恰是通过举办各种高端活动、论坛，通过向会员高价售票等方式赚钱的。

2011年CCTV经济半小时曝光了华商会灰色慈善的内幕，华商会的主要创收模式是"会议经济"、"会议产业"，通过融资服务、信贷担保、高端项目等吸引客户来参加会议。华商会举办会议的每一个环节都被标上不同等额的价格，从与会议负责人同处休息室、代表致辞、嘉宾致辞，到大会发言、颁奖典礼发言，都被明码标价，创收项目高达50多项，会议环节有的收2万元左右，有的收3万元左右，一个会议的项目赞助是60万元左右。

此外，华商会还按级别高低，对理事长单位、副理事长单位和理事单位，分别收取39900元、9900元和3900元的年费。有位山东的孙先生选了做理事单位，仅在会费、普通会议代表费、高端会议嘉宾费、邀请名人做企业顾问费等项目上就花去30多万元。孙先生醒悟后请求退钱，但却被该会被列入"黑名单"。

国内很多商会、协会，由于资金来源非常有限，也只能通过每年向会员企业收取年费，按照职务高低请管理层赞助费用等方式筹集资金。这显示了这些商会、协会运作的艰难。更有一些协会、商会等组织机构，大肆变卖各种奖项。

作为坚守"理想"的组织，博商会始终坚持不搞买卖奖项的勾当。对于所有的荣誉，博商会都严格评审，一般程序是先由有关人员或机构申请，然后由理事会讨论、决议，全程透明，真正做到让获奖者实至名归，公平公正，让未获奖者快乐参与。

这赢得了博商人的一致赞誉。

崇高的荣誉体系

作为公益组织，博商会没有太多资金用于奖励为博商会作出突出贡献的个人或机构，但博商会设置了非常详尽的荣誉体系，对获得荣誉的个人和机构进行表彰。

荣誉及文化体系建设部是博商会发展与管理委员会（"发管会"）下属的一个部门，主要负责博商会的荣誉体系建立、评定等工作。

每年年底，博商会荣誉及文化体系建设部就对作出贡献的个人或机构进行评审和奖励。评定按照明确的规则进行，比如：有的按照年度累计赞助的金额评定；有的按照年度服务的时间评定；有的则根据在当年内各种比赛中获得的名次评定，如企业家风采展示演讲比赛年度冠军奖、羽毛球班级友谊赛总冠军等。

此外，博商会还对俱乐部进行评选，鼓励各个俱乐部之间互相竞赛；还对博商会慈善事业作出贡献的机构和个人评奖。博商会企业家服务队则按照企业家服务的时间给予一定的荣誉。

博商会的评奖种类繁多，虽然奖励的物质成分并不大，但是精神方面的鼓励却很大。比如，各大奖项选择在一年一度的博商年会上颁，在几千个企业家参加的盛会上，能登台亮相，并发表简短演说，那是极其荣誉的事。

博商会设计的"博商勋章"象征着博商同学会的最高荣誉。这个"博商勋章"是由纯金制成的、印有博商标志的珍藏版纪念章，意义非凡，它既是博商同学为博商作出贡献的标识，也是博商同学当中的先进分子和带头模范，就像美国政府颁发的最高军事荣衔"荣誉勋章"一样熠熠生辉、照耀着博商同学的精彩人生。

博商勋章是博商同学会的最高荣誉，获得者将被会永久载入博商史册。

给博商同学的先进分子颁发了"博商勋章"之后，校方和博商会的领导还要感激他们对博商会的支持和贡献。在表彰个人的同时，博商会不忘把奖励颁给为博商会作贡献的单位。

博商会的荣誉、奖励虽然物质含量不高，但精神激励作用非常大，很多博商同学对于其他地方颁发的荣誉没有太多感觉，但对于博商会颁发的荣誉却倍加珍惜。正因为如此，博商会一定要保证所有荣誉的颁发实至名归。博商会荣誉体系规定，所有候选名单由秘书处提名，候选者需向评审委员会阐述年度突出事迹、俱乐部开展情况等，评审委员会综合考虑各方条件，并确保评选过程"公开、公平、公正"。

博商荣誉体系

博商会的发展壮大，离不开博商人的参与、支持和贡献，为更好地鼓励博商人持续性地融入博商文化圈，特建立"博商荣誉体系"，以资表彰，相互促进、学习。

一、目的

1、规范——规范博商人的行为准则，各俱乐部、各会员都以标准化的制度自我约束，这是博商会发展、博商文化建设必不可少的组成因素。

2、表彰——对各俱乐部及有着突出贡献的博商人进行年度表彰，更能够促进来年博商会健康有序快速的发展。

3、激励——在表彰的同时，博商荣誉体系也激励着每一位博商人更多地参与博商会的各类型比赛、活动，融入其中；促使博商各俱乐部的相互良性竞争。

4、传承——"博商荣誉体系"是博商精神、文化内涵的传承，是历史的记载，将会成功载入博商史册，让每一位博商人铭记。

二、类型及相关条件

1、博商勋章（最高荣誉）

这是博商会至高无上的荣誉勋章，经过公开、公平、公正的评选，将其授予对博商会有突出贡献、有重大影响力的团体或个人。

评选条件：

（1）年度对博商会有卓越贡献者（需要具有影响力的事件）；

（2）连续三年及以上获得最佳俱乐部者；

（3）累计五枚及以上"年度冠军奖"获得者；

（4）一次性赞助博商慈善会30万元及以上者；

（5）连续三年及以上获得慈善表彰者；

（6）年度累计赞助博商会比赛或活动现金金额达40万元及以上者。

2、杰出功勋奖

评选条件：

（1）年度对博商会有突出贡献者；

（2）连续两年及以上获得最佳俱乐部者；

（3）累计三枚及以上"年度冠军奖"获得者；

（4）年度累计赞助博商会比赛或活动现金金额达15万元及以上者；

（5）连续两年及以上获得慈善表彰者。

3、年度最佳俱乐部（1个）

根据五大委员会的实际情况，综合考量评定出大家认可的"年度最佳俱乐部"。

评选条件：

（1）举办比赛、活动的次数；

（2）举办比赛、活动的规模；

（3）俱乐部的影响力；

（4）比赛、活动满意度。

4、年度优秀俱乐部（3个）

根据各俱乐部部长对年度比赛、活动开展情况，结合评定条件，综合考量评选出三个"年度优秀俱乐部"。

评选条件：

（1）举办比赛、活动的次数；

（2）举办比赛、活动的规模；

（3）俱乐部的影响力；

（4）比赛、活动满意度。

6、年度冠军奖

在年度博商会所举办的具有一定规模的比赛、活动中，获得冠军者。包括：羽毛球团体友谊赛团体冠军、企业家风采演讲比赛总冠军、商业模式设计大赛总冠军、班级篮球友谊赛团体冠军等。

7、慈善奖

评选条件：

（1）一次性赞助博商慈善会现金10万元以上者，授予"慈善爱心奖"；

（2）无私奉献时间，积极参与博商慈善会的组织活动中，经评审委员会评定，授予"慈善奉献奖"；

（3）对外宣传推广博商慈善会，为博商慈善会走出博商，作出举足轻重贡献者，授予"慈善大使"荣誉称号。

三、评审委员会组成

1、学校领导（2票）；

2、会长、副会长（7票）；

3、各俱乐部部长（11票）；

4、同学代表（8票）；

5、秘书处（1票）；

6、教务代表（1票）。

候选名单由秘书处提名，候选者需向评审委员会阐述年度突出事迹、俱乐部开展情况等，评审委员会综合考虑各条件，并确保评选过程"公开、公平、公正"。

04

我们是相亲相爱的一家人

生活中若没有朋友，就像生活中没有阳光一样。

柏拉图

博商会的会长团队和各种组织架构均由理事大会选举产生，做理事意味着要理更多的事、做更多的服务，博商会是一个非盈利组织，所以这里面没有权力和财产之争。为了让更多博商自愿加入"商界理想国"这个新国度，博商会服务始终坚持开放、专业、博通的服务理念，做好每一项服务。博商会"3211"组织架构通过开放式互动交流，在满足博商会员商贸需求的同时，还提供多样化的增值服务。"3211"组织架构犹如一把利剑不断披荆斩棘，为博商会员各种商贸活动积极开路。在博商会组织的各类活动中，会长团队与秘书处的专业调和功不可没。另有博商卡、《博商》杂志、博商网、博商通等，逐渐实现银企和商企的无缝对接。

温暖每一个博商人

一天晚上，深圳某花园的13楼楼顶。

一个男人正在徘徊，他在楼顶边缘，向楼下看了好多次。他有一种想飞身而下的冲动。

此刻，他陷入了极度绝望、焦灼和迷茫中，似乎，只有死亡才能让他解脱。

这个男人是清华工商管理与创新领导力总裁班L208班的副班长尚久钧。这个刚刚到了而立之年的男人，正处于人生的最低谷。

由于家境贫寒，尚久钧兄弟姐妹4人都是边上学边勤工俭学。10多年前，尚久钧大学毕业后只身来到深圳打工，后来，他在华强北创建了自己的公司，主要销售IT产品。那个时候，华强北如同一台印钞机，尚久钧的公司发展很快，没几年，他就攫取了事业的第一桶金，买了车买了房。2008年，金融危机爆发，华强北很多销售IT产品的商铺纷纷倒闭，很多之前生意火爆的店铺以极低的价格转让。从没有经历过创业失败的尚久钧此刻作出了影响他人生轨迹的错误判断——他以为这么低廉的价格是自己事业扩张的一大契机，于是，当别人都在纷纷收缩战线、转让店面、回收现金的时候，尚久钧却拿出自己的大部分资金，连续买下了七八间店铺，加上他原有的店面，最多的时候，他在华强北的店铺达到了十个。

不久，尚久钧发现，情况真的不是他想象的那么好。首先，他的几个合作伙伴先后破产，他的几笔账款无法收回了。其次，一连数月，他的所有店铺几乎都处于亏损状态。就在这个时候，深圳博商院曲雪梅老师来到了尚久钧的公司，劝说他在生意不好的时候去念念书，一是散心，二来或许能找点灵感。

于是尚久钧就来到了清华大学学习。这个时候，他还在继续坚持。好胜心强的尚久钧决定不关店铺不裁员，继续支撑，期望能有奇迹出现。

遗憾的是，奇迹并没有出现。苦苦支撑一年多后，尚久钧终于认输了，此刻，他已经将自己的一套价值200多万元的房子和数十万元的车子卖了，还欠下了百万账款。他每天都接到很多催款电话，精神濒于崩溃。

从两手空空来到深圳，到千辛万苦打下百万身家的基础，又在一夜之间变回一无所有，尚久钧经历了人生过山车。

随后，尚久钧夜不能寐，常常独自一人来到楼顶。他觉得自己无法面对太太和两个孩子，更不知道自己的未来在哪里。

此刻，他看到媒体不断报道，今天这里有人跳楼，明天那里有人破产。心灰意冷的尚久钧晚上来到楼顶，也是想通过自杀一了百了。

尚久钧的异常表现，引起了博商院班主任和老师们的注意。

蒋文、梁琼文等老师了解到尚久钧的情况后，鼓励他将自己的困难在班级会议上与同学们沟通下，看是否可以得到同学们的支持。梁老师鼓励尚久钧面对困难，要为两个孩子和家庭负责，要重新振作起来。

当时的班长是中信银行深圳一个支行的行长，这位班长也非常热心，主动找尚久钧谈了一次。同学们获悉尚久钧的困难后，都很同情他。

廖英武是这个班的宣传委员，他也曾经遭遇过一些人生的挫折，因此很理解尚久钧的处境，于是，廖英武也积极鼓励尚久钧重新振作起来。

这个时候，有同学鼓励尚久钧转行做亲子教育。毕业于湖北十堰郧阳高等专科学校中文专业的尚久钧对教育很感兴趣，从事教育行业一直是他的梦想；而他也非常注重对自己的孩子进行国学素质教育，他的孩子曾经在深圳卫视等电视台做过国学表演。

但是，转行做亲子教育需要一笔启动资金，这点钱对于尚久钧来说也是一个难题。

于是，如亲人般的同学们开始自发捐款，其中18位同学募集了28万元资金。潮州籍博商会会员黄庆中等人听说后表示，自己一个人就可以给，但尚久钧没有要那么多。

对于一个每天被人追债、遭遇破产的人来说，这么多同学们积极主动地借钱给自己，对自己如此信任，尚久钧感动得泪流满面。但一开始他不敢要同学们的捐款，怕自己还不起。但同学们都安慰他说，这个钱没有希望你还，关键是你要重新站起来，撑起一个家，重新开始新的事业。

　　尚久钧于是最终接受了这笔28万元的捐款。2011年2月28日，L208班班长将28万元款项转给了尚久钧。尚久钧接过款项哽咽着说，将来一定会还给大家。

　　利用这笔资金，尚久钧组建了深圳市福泰鸿少儿科技有限公司，开设了一家亲子教育机构。2011年3月16日，这个机构正式开业，曾任伟等一批博商院的代表亲自去出席了开业仪式。

　　尚久钧重新起步。

　　"破产后，我遭遇的都是歧视、谩骂、讨债，但在博商会这个大家庭学习班里，我获得的是尊敬、鼓励和理解，获得了人生的一个新起点。"一年多后的今天，已经在事业上重新站住脚跟的尚久钧感慨万千。他坦诚，博商会同学之间的感情，与高中、初中同学的感情一样深厚，甚至比那些同学更亲密，如果没有来清华学习，他就没有这么多同学，也不可能有这个事业的新起点。

　　目前，尚久钧还在湖北设立了一个英语培训机构，2012年暑期招生达到了三四百人。

　　博商会副会长廖英武想做一个博商会亲子教育俱乐部，他正在与尚久钧商议具体事务。尚久钧觉得，博商会的同学们为他做了太多，他要尽可能地回报大家。

在博商会，此类互帮互助的事件比比皆是。

2011年10月博商会组织的一次篮球联赛中，有一个同学在与别人冲撞时不小心把脚部的肌腱弄断了。同学们立刻停止比赛，驱车将他送到医院，经过诊治，医生要求至少住院半个月。

为不增加这名同学的家属照顾病人的负担，同时不影响该同学公司的业务，博商同学决定分成几组分别负责这名同学的治疗和公司事务，有的组负责订餐送餐，有的组负责配合医生做后续治疗，有的组负责代理处理公司的事情。

这些轮流照顾这名受伤同学的博商人，自己也都是大老板、大企业家，在自己公司里都是叱咤风云的人物，都是受惯了别人照顾和优先服务的人。但是，在这个时候，这些博商同学们都非常团结、分批出入医院、亲自动手去照顾自己的同学。

很多医务人员一开始以为他们都是这个同学的亲属，当后来得知他们仅仅是在博商会的同学后，非常惊讶，感叹说，从来没有见过这种情况，没有想到一个组织能够做到这样细致的服务。

同学之间的互助活动涉及方方面面，旨在满足博商同学的不同需求。

博商同学中有很多因为工作原因，自己的终身大事还没有解决。为了给同学们牵线搭桥，2012年3月，博商单身俱乐部举办了一场"非诚勿扰单身男女活动"，博商会员、清华学员及企业高管人员均可参与。在活动中，博商同学一起玩游戏、欣赏美景、吹着海风、看着海景，还可以借机寻找着自己的另一半。

除了博商会各种俱乐部组织的活动之外，很多博商同学通过博商会这个平台认识了很多朋友，也结下了深厚的友谊。

博商会同学之间的交流与帮助，并不企求什么回报，只是因为同在博商会组织里，有共同的理想和追求，所以成为了君子之交。

博商同学陈星志是深圳市皇庭假日酒店有限公司经理，他经常亲自帮博商同学订房退房、安排接送，有时候，他还利用公司资源为博商同学办点私事、杂事。

2011年，博商广州同学会有一个会员企业，因不明原因突然失火，博商广州同学会马上发动博商同学们前去慰问，并当场募捐不少善款，解决了该同学的燃眉之急。博商会其他地区同学会得知这一消息后，也纷纷提供各种各样的支持，有送慰问金的、有送办公家具的、有牵线搭桥帮其找业务的、有组团访问做消防宣传的等等，帮助该企业顺利渡过了难关。

博商会里有很多企业经营规模小、实力不足，一场天灾人祸、一场金融危机、一次行业洗牌，就会让他们在市场上消失得无影无踪。在博商会这个温暖的大家庭中，这些企业可以得到很多同学的热心帮助，不断增强市场竞争力。

为提高博商企业之间互帮互助的质量和效率，2012年6月，博商会还组织策划了一期"团队与我，联手互助"的责任、感恩、执行力特训营，其核心就是检视自己、洞察自我、学会感恩、学会共赢。

企业家服务队真心无价

"有困难找义工、有时间做义工"，义工已成为深圳精神文明的一面旗帜，博商会深圳同学会也积极探索创新开展义工活动的办法。

2012年8月28日下午，第二届博商"广东中旅杯"企业家风采展示演讲比赛四区联赛总决赛在深圳麒麟山庄举行。从深圳、广州、东莞、长沙四区选拔的优秀选手在此一决高下，来自四区共200多位博商会员相聚于此。

大赛现场有一道靓丽的风景线——一群身着桃红色马夹，上书"博商服务队"的义工在会场里进行热情周到的服务。他们有的在过道两边迎宾，有的在会场内随时响应与会人员的需求。这批穿红色马夹的队员是博商企业家服务队的同学。

博商企业家服务队由博商深圳同学会副会长陈步宵、廖英武等几十名企业家筹建。这是一支全部由企业家们构成的，专门服务于博商会会员们的高级义工队伍。作为博商会的桥梁、后勤保障组织，博商企业家服务队

博商企业家服务队是一支全部由企业家组成、专门服务于博商会会员们的高级义工队伍。

将发扬"奉献、服务、分享"的博商精神，传承博商大爱。企业家服务队隶属于博商发展管理委员会。

这次活动上，陈步霄副会长带领服务队全体队员集体上台亮相并庄严宣誓，以高度的热情、高度负责的精神，全心全意服务好博商会会员。

由于极具影响又好善乐施，陈步霄先是被推举为深圳"爱满鹏城"慈善组织的名誉会长，加入博商会后又被推举为博商深圳同学会副会长。

之前，博商会的义工服务队主要由博商会秘书处组织，定期组织博商同学开展企业互助、同学互助、扶危救困等活动。

2012年2月9日下午，在深圳博商会会所举行的"博商人文化体系构建研讨会"上，林仁祥、廖高兵等提议，博商会需要建立一套处理同学中重大突发事件、利用平台资源为同学提供第一时间帮助的机制，让大家感受到博商是一个"有依靠、可投奔"的家。

这与陈步霄等博商人的构想不谋而合。后来，陈步霄、郭晓林等人与秘书处积极推动企业家服务队的组建，终于促成了这支特殊服务队的诞生。

成立博商企业家服务队之后，博商会可以更加专业、更加快速周到地服务企业家们的各种需求。

关爱延伸到博商人家庭

博商会除了组织企业互助、同学互助外，还组织博商企业、博商同学为有困难同学的亲戚朋友献爱心。博商同学的亲戚朋友，可以说是博商会大家庭里的成员，博商会的爱心互助已经突破了博商会的界限，将援助之手延伸扩展到博商人的家人、朋友。

2012年3月，博商网发布了一条很简短的消息"博商爱心互助：经理人七班罗文慧同学老公的哥哥，确诊为淋巴癌晚期，因血小板低少，急需每日输入合适的新鲜A型血液。须化验合适方可捐血，深圳同学在广州住宿一晚，费用患者家属支付。望博商同学发扬博商大爱之精神，为其献血或捐助，尽一份力，帮助其共渡难关。"

博商同学看到消息后，纷纷在博商会官方微博、Q群里传播这个消息，很多A型血的博商同学前去验血捐血。

这是一件很小的事情，因为一个健康的人免费捐献几百毫升的血液并不影响其正常的身体机能。但是博商同学大多是企业老板、CEO，能够抛弃面子放低身段，给一个素昧平生的陌生人捐出自己的血，还是需要一定勇气的。曾有媒体报道，有些企业老总自视高人一等，宁愿出100万也不愿流自己身上一滴血。

无偿献血、爱心互助，博商同学做到了，这就是博商人无私奉献的精神，"有了这种精神，再加上超强的执行力，成功一定会来到博商人的身边！"被博商人的奉献精神感动的刘沙老师说。

让会员找到心灵的港湾

在现代竞争激烈的市场环境下，企业家既有生存需求、发展需求，也有心灵需求。博商会一方面通过搭建诚信合作平台、缔造商业文明、提供优质的服务项目，满足博商企业的生存需求、发展需求，帮助博商企业走向持续成功；另一方面又想办法满足博商同学业余放松、减压休闲等心灵需求。

博商会不是要孵化和打造出禁锢自由身心的"盔甲骑士"，而是打造一个有血有肉感情丰富的企业家。

美国著名喜剧作家罗伯特·费希尔的《盔甲骑士》，描述了一位骁勇善战的骑士，他随时准备跳上战马，向四面八方冲去，铲除作恶多端的恶龙，拯救遇难的美丽少女。

后来，骑士发现自己声名远播的原因，不是骁勇善战，而是他身上披着金光灿灿、耀眼夺目的盔甲。因为，当骑士穿上盔甲出征时，村民好像看到了天上的太阳在地上飞驰，像太阳一般绚烂的盔甲成为了骑士的标签和代名词。骑士为保持自身的良好形象和声名，随时随地都穿着盔甲，即使在家里，他也穿着轧轧作响的盔甲自我陶醉，吃饭睡觉都不愿意脱下，甚至连他的妻子和孩子都记不清他的面容了，最后连他自己也忘记了自己的真面容。终于有一天妻子对他说："你爱盔甲远甚于爱我。"随后她就带着和儿子准备离开他。这时，骑士才感到惊慌，他想脱下盔甲，可是盔甲已经生锈，再也脱不下来了！后来，经过一番苦难才解脱盔甲，踏上寻找自我的征程。

其实，企业家的创业经历与盔甲骑士的征程也是差不多，为了创业、为了证明自我，选择一个人"在路上"，以公司为家，把所有的时间和精力投入商海竞争。其中有很多人失败了，有少数人成功了。成功者虽然事业有成，但是无心顾及家庭。孩子上了几年级也不知道，有什么兴趣爱好也不知道，妻子整天做什么也不知道，夫妻的交流也没有什么共同话题。

很多企业家经营企业总是追求做大做强，里面雇员众多，虽然解决了成千上万人的家庭生活问题，但是企业主自家的问题却处理不好，真正是"舍小家为大家"了。

很多企业家刚创业时自己身兼多职，累垮自己；事业做大之后，虽然招纳的经理、总裁学会多条腿走路，但是经营规模大了、现金流动大了，担心的事就越多，患得患失也越来越严重，越来越觉得不幸福。企业家应对公司的事情都应接不暇，更不用说照顾好自己的家庭了。

为避免企业家将事业和家庭完全割裂开来，博商会在各种活动中都十分重视引入家庭成员参与，让企业家的家属知道企业家整天在做什么、想什么，既能促进家庭和睦，又能激发企业家的积极性和创造性。

博商会设立了各种各样的兴趣类俱乐部，包括亲子俱乐部等机构，都是为了让博商同学的家人参与进来，营造一个其乐融融的大家庭生活。在博商会的大家庭生活中，没有禁锢自由身心的面具和盔甲，只有坦诚相待的面孔和从容执著的心灵。

博商同学在博商会是会员，在家里则是家长、父母，很多都面临子女教育问题。这些博商同学大都已经事业有成，经济上比较富足，但在子女教育上却往往面临很多难题。事实上，关于家境富裕的"富二代"的各种负面报道不断见诸报端，这些都是教育无法的恶果。

"子不教，父之过；教不严，师之惰。"博商会成员如果能将自己坚忍不拔的创业精神、艰苦奋斗的优良品质、诚信经营的理念、不断学习与创新的优良作风顺利传给下一代，那才是真正的财富传承。

负责兴趣委员会的博商会副长廖英武、郭晓林等人积极筹备一些亲子教育专题讲座和亲子游玩活动，以营造精彩纷呈的博商大家庭生活。

2010年6月，博商深圳同学会兴趣委员会举办了一场别开生面的"家庭动力研究专题讲座"，主题是"家庭和谐、夫妻关系及亲子教育"。博商会邀请了英国注册心理咨询师（国家二级心理咨询师）Tiger Li先生作为演讲嘉宾。

家庭动力学的研究兴起于20世纪50年代，原先是医学界对家庭治疗的研究，后来发展成为社会各界的动力系统研究。家庭动力学专门研究社会最小细胞家庭成员内部的心理过程、行为方式、沟通技巧以及与家庭关联外部环境，最终形成良好的精神动力和行为特征。家庭动力学的核心思想就是要达成"家庭和谐"，要想达成这个目标，需要妥善处置家庭成员之间的关系，做好日常沟通和亲子教育活动。

Tiger Li先生告诉博商会同学们，家庭和谐、夫妻关系及亲子教育是家庭动力系统的重要组成部分，没有孰轻孰重之分，只有善于系统排列才能发挥最强的动力。

2011年5月，博商深圳同学会兴趣委员会特邀著名亲子教育专家富敏老师举办"创造幸福家庭——孩子个性魅力的塑造"亲子教育专题讲座。

这个活动，吸引了100多位博商同学偕配偶子女参与，宽敞的教室被围得水泄不通。博商深圳同学会副会长、兴趣俱乐部负责人廖英武首先对于博商会开展亲子教育活动，作了简短的讲话。然后，由富敏老师向博商同学们阐述亲子教育的重要性，并与大家分享亲子教育的方法。

富敏老师指出："任何成功都弥补不了教育孩子的失败。亲子教育是双向的，它最大限度地激发家长的积极性和孩子的潜能。家长在亲子教育过程中扮演了六个不同的角色：人生的导师、知心的朋友、学习的榜样、坚强的后盾、生活的教练，还有激励的大师。父母要做的事简而概之就是四个学会：学会学习、学会做人、学会做事、学会相处。以身立教，和孩子一起学习、共同成长。"

这些观点获得了很多博商同学的认可，以前他们当中有些人总是在抱怨工作太忙、任务太重，根本没有时间和精力照顾家里爱人和小孩。其实那是一种逃避现实的做法，因为他们脱离家庭去工作的时间太长、太久，已经不知道如何与小孩沟通了，与不知道如何与爱人交流了，自己成为游离于家庭之外的工作狂、偏执狂。

博商会除了开展亲子教育活动之外，还定期组织博商同学带上家属朋友相聚游玩，共享快乐。博商会组织的亲子活动中，没有上下级之分，也没有领导和下属之分，只有同学和家庭，只有商友和亲友，所以游玩起来更加放松、更加开心。

2012年4月，博商长沙同学会组织60多位博商同学，带上朋友、小孩、老人和爱人一起来到了湖南森林植物园，体会春天樱花的浪漫，在游玩赏景中享受亲情友情所带来的欢乐。丢手绢、两人三足、瞎子摸鱼、吹气球……博商同学与家人、朋友在草地上开心地做着各种各样的游戏，一起寻找自己童年的记忆。

博商同学认为无论生活节奏多么快，工作多么繁忙，与最亲的人在一起享受自然风景、享受生活点滴，才是最简单的快乐。

精彩纷呈的大家庭生活

目前，博商深圳同学会兴趣委员会下设有10个俱乐部，廖英武和郭晓林分别对各个俱乐部进行指导，并任命部分理事代为负责。其中，如羽毛球俱乐部由宋志生同学负责、摄影俱乐部由蒋英杰同学负责、户外活动俱乐部由阎根土同学负责、亲子俱乐部由李凌同学负责。博商深圳同学会每个月都安排不同俱乐部的活动，吸引博商会成员自愿参加，享受欢聚的快乐。

2011年8月，博商深圳摄影俱乐部成员在常务理事蒋英杰同学的带领下，相聚深圳兰若茶舍，拍摄大自然美景，交流探讨拍摄技巧，分享各自的创业故事。通过这个活动让博商同学减压放松、分享快乐。

"独乐乐不如众乐乐"，博商会兴趣俱乐部不仅在博商企业会员内部开展活动，还会联合更多行业、更多非博商企业开展活动，通过活动打出"博商"精神、打出"博商"之名。

博商深圳同学会每个月都安排不同俱乐部的活动，吸引博商会成员自愿参加，项目包括高尔夫、羽毛球、篮球等。

　　2012年6月，博商深圳羽毛球队与粤港汽车运输联营有限公司正式举办羽毛球交流赛，这是博商深圳羽毛球队首次对外切磋交流球技。

　　在全媒体时代，企业高管更加注重自身的形象，形象不好有时还会影响投资分析师对企业的评级，很多博商同学都有提高自身形象的需求。为了满足和引导博商同学的形象管理需求，博商会设立了博商形象力指导中心，专门为提高博商同学的形象力提供服务。

　　2010年11月，博商深圳同学会兴趣委员会举办"领导者形象魅力"专题讲座，邀请中国形象设计师专家评委、湖南卫视主持人形象设计师杨柳主讲。杨柳老师告诉博商同学，企业家要提高内在美修养，注重商务礼仪，通过整体形象规划与设计形成个人形象品牌。杨柳老师的一席话，点醒了很多博商同学，纷纷表示要重塑新形象。

2012年5月，博商形象力指导中心又首次成功举办了主题为"寻找魅力的自我"沙龙活动。这次沙友活动，让很多博商同学感受到了领导形象的巨大魅力，纷纷表示要进行个人形象改造。博商形象力指导中心在"7月沙龙"活动中的主题为"总裁及企业高管形象管理"。活动吸引了60多位博商同学参与。博商会邀请到美国国际形象顾问协会（AICI）首位名人榜（Hall of Fame）名人形象专家以及香港个人及企业形象设计师协会会长——陈子贤博士，到场的嘉宾还有英国特许会计师事务所代表——陆子玲女士、香港形协副主席李家辉先生、香港演员田媛小姐等一行人出席。

在沙龙活动中，陈博士分析说："形象不好就是对自己不好。"他认为在企业中，总裁及高管的形象影响着公司的文化发展，特别是在家庭中上一辈人的形象也严重影响着下一代，所以要从现在、从个人做起，把形象设计好，个人问题是小，影响公司形象是大，不要因为个人形象的缺失而影响企业的未来前途。陈博士重点为大家讲授了企业家风采展现的艺术，包括礼仪、品味、魅力和亲和力，以及企业家时装艺术等。陈博士的分析入木三分，在博商同学当中掀起了一股改造自我形象的狂潮。

2011年7月底的"巴马会议"在广西巴马长寿村召开，在这次会议上讨论成立了博商养生俱乐部，这次会议的地点刚好呼应了博商养生俱乐部的主题——"健康长寿"。

养生俱乐部部长刘焕棠与与会的博商理事们谈了养生之道。在他看来，养生不难做到，只需遵循三原则，即"健康的生活方式，合理的食品结构，良好的精神状态"；愿意去做，就能达到健康养生之效。他引用石坤山会长的话说，"智者投资健康，愚者透支健康；投资健康升值空间最大，健康长寿成功概率最高"。此次会议上，黄明强代表养生"高人"林仁祥介绍了博商会养生俱乐部方案，养生俱乐部将以不同形式开展养生活动，提高同学们的生活品质。

未来，博商会将会不断完善博商企业、博商同学的数据库，不断分析总结博商同学的新需求，并通过设立相关的组织部门，专事专办，以引导和满足博商同学的新需求。

小胜在智，大胜在德

博商同学会成立两年后，已经成为珠三角地区具有一定影响力的组织，成为博商企业家们认同和支持的一个平台。"博商人"逐步成为一个共同的称谓。"博商人"到底是一群什么样的人？"博商人"的精神特质是什么？博商会也在不断总结、探讨。

2012年2月9日下午，博商会在深圳博商会会所召开了"博商人"文化体系构建研讨会，博商深圳同学会会长石坤山、副会长廖英武、各班常务理事及对"博商人"文化体系有独到见解的同学共20余人参加研讨。

作为博商同学会的精神领袖，石坤山会长认为，博商会是一个集教育、咨询、投资为一体的商学合一的企业集群，必须要有能一直传承下去的博商精神。《孙子兵法》认为将军之才是拥有智商、情商、德商和毅商的大将之才，而《帝王学》也认为不悔不怨、不依不恋是帝王本色，德为百业之基。中国传统文化中对精英人士的特点都不约而同地总结为有"德"之士。那博商人作为现代社会精英也是应该具备"德才"的。

黄明强认为，博商会是商界精英的汇集地，企业家的道德高度将决定企业所得到的社会认同度和发展前景。博商人应该有非常高的道德水准。同时，大家要愿意在这个平台上分享成功经验、财富及教育等资源。

邓冰认为博商人的精神核心是：强健体魄、升华境界、共创价值。在她看来，博商会区别于其他商会组织的一个重要特点就是无边界，可无限扩充的开放包容性。

清华总裁276班班级口号是"团结、奉献、包容、分享"。276班赵勇班长认为，这和博商会的"奉献、服务、分享"有异曲同工之妙。他认为平台资源的共享以及对这一平台的反馈，对于博商会的长远发展和维系同学间的感情是非常有益且是十分必要的。

作为本次研讨会的特邀嘉宾，深圳市港澳台文化研究会会长、深圳市诗词学会副会长、《博商》杂志艺术顾问方斌居士认为：从文化层面上解释，"博"这个字意义非常广泛。博商企业家是以企业家的身份来学习、提升自我的一群人，可以说是新一代儒商。而"德"是"博商人"区别其他商人的一个重要特征，这个"德"既包括商业道德，也涵盖了社会道德。正所谓博商厚德，"博商人"是一群有德的新时代儒商。

一直负责兴趣委员会各项工作的廖英武副会长认为，博商会的主要工作分为四块：学习、投资、娱乐和奉献，大家来到博商会都是为了创造和享受更多的幸福感，因此，博商人的精神特质也可以总结为上述几点。

徐宁宁指出，她心中的博商精神核心是相互欣赏，共同进步。

郭晓林、廖高兵、杨德全、杨忠诚、李凌、戴玫等同学都认为博商的特别之处在于"博"。郭晓林认为，博商精神的核心精髓是一个"博"字，从"博"字出发建立一个面，从而形成博商的核心精神。

廖高兵的企业口号是"为了生活我们必须努力工作，为了幸福我们必须修正自我"。他认为，博商人应该是一群博爱、博学而又富有创新意识，通过自身和群体的学习及实践探索不断提升自我、引领企业发展的新时代企业家。

杨德全则认为"博"是相对于"商"的定位，"商"才是根本。"博"具有三层含义：精英、宽广、巨大的包容性。博商人应该具备这三点。

曾小明指出："博商根植于清华，博商精神是否能从清华校训中提炼出来呢？那这样既有传承之意又有创新发展之实。"

可见，大家对博商人的精神特质有不同的理解，但有几个共同点——"德"是根本，博商人的道德水准要比一般组织都高，这是一群有崇高理想追求，有良好的道德品质，有好学精神的人。所谓"小胜在智，大胜在德"，有史以来，"德"都是成功者的必备素质。

此外，博商人还具有无私的奉献精神，开放包容，愿意与更多人分享。

博商会将博商精神定义为"奉献、服务、分享"，基本上概括了上述特点。博商人正在践行这种精神。

找到家的感觉

在博商会，很多企业家学员都觉得找到了家的感觉。

博商同学刘文健在《巴马会议杂感》中说道："这次巴马之行，除了感受了兴奋，同时也收获了跟同学们一起独特的快乐。那天大家来到了小河边，光着膀子坐在大排档里大呼小叫地喝啤酒、吃小吃，这个时候脱下的不是衣服，而是沉甸甸的老板、董事长、总经理的面具，这种快乐是发自内心的。虽然我们之间并不熟悉，但因为博商这个组织的缘故，同学们相处得非常轻松，没有任何压力，我正是因为适应不了官场上那种一日之间百寒百暖、乍阴乍阳的世态炎凉，受不了所谓显规则、潜规则的约束，才进入这个圈子，巴马之行再次证明了这是我最正确的一个选择。"

博商女同学丁茜是东莞志达投资集团有限公司执行董事、广东省中小企业促进会副会长。这是个一直都很阳光、浑身充满正能量的快乐女生。她最喜欢做的事情就是笑，有她在，博商同学们总是笑声不断。

丁茜出生的家庭并不富裕，大学毕业后，不足20岁的她就从老家来到东莞打工，从工厂里最基层的流水线女工开始做起，以永不服输、积极向上的态度面对艰苦的生活。最终，她与老公一起创建了自己的公司。

丁茜的公司主要生产PE、PO、PP、OPP、PVC等工商业包装材料，受中国制造业大环境的影响，生意时好时坏，但丁茜的业务能力和供应链整合能力十分突出，她开发的客户、供应商多次化解了公司危机，事业越做越大，成为东莞凤岗一家著名企业集团，她也成了凤岗女商会的会长。

到清华学习后，丁茜发现自己找到了另一个值得回忆的地方，她很快加入了博商会，成为博商会的一个活跃分子。她热心公益，逢年过节都带着两个儿子，亲自给孤儿院、老人院送大米、食用油和过节费。

在2012年博商企业家演讲比赛上，丁茜与多位同学专程从东莞赶到深圳，陪同参赛的同学比赛。在现场，丁茜与众同学一起举着一条写有"坏人加油"的横幅环场一周，给网名为"坏人"的参赛同学加油。这种浓浓的同学情谊，感染了在场的所有人。在博商这个大家庭里，同学们的关系是如此融洽，丁茜参与其中、营造这种氛围，又为这种氛围所感动。

尽管工作繁忙，有时候身心疲惫，但丁茜只要回到博商会这个大家庭，就会觉得快乐无边、无比温暖，就又可以一身轻松地投入新的工作中。

博商会已经成为众多企业家心灵的港湾，成为众多博商会企业家们永远的家园。

商机无限

"不可能"只存在于蠢人的字典里。

柏拉图

如今，博商同学会有近7000家会员，其中82%是企业的创办人或股东，一年总产值近3000亿元人民币，这几乎相当于深圳全市总产值的三分之一，这么庞大的体量足以影响众多行业和诸多产业链。

博商会的会员企业行业门类众多、发展阶段不一：有的企业不缺钱、不缺项目，但缺市场、缺资源；有的企业处于转型期，需要找更合适的项目；有的企业则急需资本扩大规模；还有的企业积累了丰富的资本，想找更多项目投资……

这些企业在商业上的不同需求，可以衍生出各种各样的商机。

事实上，博商会内的很多企业，已经自发地开展了很多合作：或共同组建企业，发展新项目；或一起走出去，到外地、外省甚至国外寻找更多的合作机会。

博商会顺势而为，设立了商务委员会、行业委员会等，专门服务于博商企业的商业需求。博商商务委员会下设企业联谊部（负责落实企业互访、联络），商务考察部（与诸如到各地的招商考察活动进行对接），投融资中心（开展博商贷、博商通等业务、融资担保中心等），法律顾问俱乐部（为博商会员进行法务普及、法律支持等），财税顾问俱乐部（为博商企业提供咨询财务及税务问题的平台，共同探讨解决办税工作中遇到的各类税收政策业务等疑难问题）。

因为博商，所以合作

博商同学们在共同的学习、生活中，相互了解、信任，结下了深厚友谊，也开始进行商业合作。

南国水岸国际水会是清华总裁246班全体同学投资的项目，作为股东之一的杨鑫雅，在打理好自己原来公司的生意外，还兼任着南国水岸健康水会有限公司的董事。

杨鑫雅的公司叫深圳世超电子科技有限公司，主要做各种电源产品。她是从打工妹开始做起的。1997年春节后，杨鑫雅从安徽老家来东莞看一个朋友，当时她只随身带了一个小包，没有带任何行李。当时杨鑫雅在老家有一份还不错的体面工作，只是想来东莞体验两个月。但她到东莞后才知道，朋友去北京了，一时半会儿回不来。

抱着玩玩的心态，杨鑫雅到了一个工厂打工。由于聪明好学、踏实肯干，从打工的第一个月开始，杨鑫雅就不断升职——最开始做品质控制员，一个月后调到公司办公室做文员从事生产考核。这个时候，电脑自动化办公才刚刚开始，杨鑫雅对电脑很感兴趣，就报了一个电脑班学习电脑操作。但是，她所在的这个工厂并没有使用电脑管理，这让她很郁闷。半年后，杨鑫雅辞职了，但她决定不再回老家了，她要在广东开始新的生活。

　　2001年前右，杨鑫雅结束了打工生涯，开始与老公一起开工厂生产电源。目前，他们的工厂年销售额1亿元左右，有400名左右的员工。再后来，杨鑫雅来到了清华学习，认识了一批博商会同学。

　　此前，杨鑫雅所在的246班的几个同学一起做了一个苹果手机配件的短期项目，赚了几十万元。这激发了大家集体投资更多更大项目的热情。有一次，做大理石生意的班长龚松明规划了一个水会项目，并在班上作了宣传。

　　这些博商同学经营的大都是制造企业，近几年由于宏观经济的影响，制造业的利润持续下滑，很多同学都想从制造业转型——想做点投资、尝试下服务业；另外，同学们日常都有很多接待，每个月在这上面的花费不菲。而246班班长龚松林提议干脆同学们自己搞个场所，以后接待有地方去，还可以对外营业。而他之所以想找多个股东，一是可以分散风险，二是可以带来很多客源。

　　大家对这个项目都很感兴趣，因此，尽管没有一个同学有过经营水

会的经验，但大家还是决定投资。很快，同学们募集了南国水岸项目源
起——项目地点在深圳桃源居对面的一个商业裙楼。项目投资6000多万
元，面积2000多平方米。

南国水会提供的服务有按摩健身、中医理疗、足浴保健、美容美体、
私人SPA、中西美食、温馨客房、红酒吧、KTV、多功能会议室等，集多
种功能于一体，极大方便了博商同学进行商务会议、餐饮娱乐、旅游观光
等活动。此外，该水会还有很多免费服务项目，包括土耳其浴、芬兰浴、
各类功能水疗、饮品等，更让博商同学流连忘返。

芙蓉楼是博商同学们合作经营的另一个项目。

深圳芙蓉楼餐饮管理公司董事长刘中权是清华总裁256班的同学，芙
蓉楼是以经营湘菜、粤菜为主的中高档酒楼。在刘中权的精心经营下，芙
蓉楼通过标准化、数量化、流程化管理，推出的菜肴品种众多、味道稳
定、分量十足，在深圳、广州拥有近10家分店。

由于深圳芙蓉楼十分注重食品安全，严格自律规范行业行为，并研发出
一整套新型餐饮经营模式，2012年4月成为了"2012年度博商会权威认证战
略合作商家"。博商会员凭博商卡可在那里享受到更多美食、更多优惠。

有一次，刘中权与几个博商会同学一起吃饭，有同学提出，想与他
一起新开一家芙蓉楼，刘中权无法回绝同学们的盛情，就与几名同学合资
新在深圳龙华开了一家数千平方米的店。该店装修也非常豪华，但价位中

等，目前经营状况非常不错。

博商同学合作经营的另外一个公司——亿芯智控的成立有点戏剧化。

孙文锋是清华总裁246班的同学，之前主要做进口芯片贸易。

2010年，各行各业运用的现代化设备越来越多，人们急需一整套的运动控制系统来组织和关联这些设备。孙文锋敏感地看到了运动控制的市场机会，于是想组建一个公司研发运动数控系统方案，这种方案可以利用指令对一台或多台机械设备的动作进行实时动态控制，确保设备运行的位置、角度、速度等机械量和开关量。这些运动数控系统方案在精工制作领域不可或缺。

但是，孙文锋没有太多资本投入。一次，在与一个博商同学闲聊中，孙文锋又提起了自己想创办企业的梦想。这个同学是深圳市新纶科技股份有限公司的一名管理人员。深圳市新纶科技股份有限公司是中国防静电、洁静行业唯一上市企业（股票代码：002341），拥有较好的现金流。

之前，孙文锋从来没有和新纶科技接触过。通过这个博商同学，孙文锋见到了新纶科技的董事长，并详细阐述了自己的构想。新纶科技对这个项目很感兴趣，决定以合资的方式设立深圳市亿芯智控科技有限公司。

2010年11月，深圳市亿芯智控科技有限公司成立，注册资金1000万元，孙文锋出任总经理。公司引入美国硅谷的创业模式，吸引国内外大批数控精英加盟，迅速推出亿芯智控 EC2000 系列伺服系统。现在，亿芯智控在数控系统、伺服控制器、直流无刷控制器、步进驱动器等领域已经发展成为领军企业。

深圳百姓通科技发展股份有限公司则是由清华总裁L100242班同学一起投资的，这个公司有22个股东，其中，博商会员曹志文和陈星志一起占70%左右的股份。百姓通的定位是类金融企业，希望能在某个细分市场占据优势。

陈星志是深圳本地人，之前做过担保公司、经营过一家大酒店。2010年，大家入学半年后，想一起搞个项目，但一直没有合适的。后来，大家一起构想了百姓通科技发展股份有限公司（百姓通会员网：baixingtong.com.cn），该公司计划投资3000万元，第一年投资600万元。

百姓通公司设立了三个事业部：一个是金融卡事业部，主要做预付卡项目；一个是房车项目部；一个是其他股权投资项目部。

预付卡业务是陈星志最先提出的。公司之前主要是做预付费的礼品卡业务，与很多商超合作，将预付费卡卖给集团客户，公司从中赚取差价。公司运作一年来，在不断地调整定位。2012年以来，百姓通公司开始做后付费卡业务——主要是为很多小企业提供担保、融资，比如，企业A定期向企业B采购货物，企业B给A的结算周期是两个月。百姓通公司介入后，向A企业发行一张B企业认可的提货卡，A企业拿着这张货值5万元的卡，可以到B供公司提取价值等额的货物；百姓通公司则在一个月内，甚至更短时间内将货款支付给B公司；在约定时期内，百姓通公司再向A公司收回款项及服务费用。

这个模式的好处是，缓解了A 公司的资金压力，缩短了B公司回收款项的周期。在很多小企业难以拿到短期借贷的背景下，这种模式的空间很大。陈星志估计，未来一年可以做5个亿流量。

曹志文负责房车项目，目前叫"移动总裁俱乐部"。2011年，博商会有同学提出过类似想法，但没有付诸行动。2012年，曹志文一手策划、论证、实施了这个项目。曹志文本身是"越野一族"的成员，他所在班的63个同学中，40多个都是老板，大家有一定的闲置资金，同时也有很多接待需求。曹志文计划投资开发一批超豪华的房车，用于高端商务接待、休闲旅游；还计划5年内在深圳打造一个房车营地——集销售、停泊、维修、改装等为一体，该项目建成后，或许将成为中国第一个房车营地。作为一个大老板，曹志文醉心于这个规划宏伟的房车项目，为此，他自己的公司请了职业经理人打理，而自己在百姓通公司出任职业经理人，曹志文的这个职业经理人工资远远低于自己公司请的职业经理人。

博商会的企业家们还一起创办、投资了很多其他企业，未来，这种合作还会更加广泛，博商系企业将成为中国商界一支重要而特殊的力量。

落脚全国

博商会越来越大的影响力，受到了吉林辽源市政府的关注。吉林是博商深圳同学会会长石坤山的家乡。

在引领全国经济近30年之后，深圳也遇到了发展空间饱和、综合成本上升等制约因素，拓展内地市场、向内地转移产能成为近年来的新趋势。而深圳在LED、新能源、新材料等领域聚集了大量优质企业，产业基础非常雄厚，具备转移的资源和优势。

辽源市作为东北老工业基地，"十二五"期间将迎来辽源大开发、大发展、大建设的机遇期，辽源在推进结构调整、产业升级过程中，企业对资金、技术、人才、信息等要素的需求十分迫切。同时，辽源亟须外部要素介入提供强有力的支撑，当地政府非常期待深圳企业前去落地。辽源市政府知道博商同学会有着庞大的资源优势和高端的信息平台，于是通过一些人找到了石坤山会长，向博商会发出了到当地投资考察的邀请。

显然，博商会与辽源具有合作的前提条件。

石坤山会长、郑义林秘书长等博商会领导带队到辽源进行了多次考察、商讨。石坤山会长在与辽源市委、市政府的多次交流接触中，深为区位优势明显、发展空间广阔、软环境好的辽源所吸引，博商会决心到辽源投资，希望可以从辽源起步，真正做到星火燎原。

2011年10月8日，博商深圳同学会与吉林省辽源市人民政府、西安区

商界理想国

人民政府在深圳天池宾馆签署了《战略合作框架协议》。这是博商同学会与国内政府机构合作的首次尝试。

双方都对这次签约非常重视，吉林省人民政府驻深圳办事处主任刘浩，辽源市委副书记、代市长金育辉，副市长吴宏韬等亲临现场；博商院领导曾任伟，博商深圳同学会会长石坤山等代表博商会出席了签约仪式。

《战略合作框架协议》约定，双方合作的领域主要包括：设立博商科技产业园；通过EMC合同能源管理模式，逐步完成LED照明改造；建立以智慧城市为基础的城市管理运营体系，建设智慧中心（包括电子商务中心、海关报关及其他）、博商大厦等综合商业体；在其他领域实现多角度、全方位合作。

辽源市金育辉代市长就此表示，辽源正处在转型发展的关键阶段，辽源有着良好的产业基础和实力雄厚的企业家团队。他真诚欢迎博商同学会的各位企业家到辽源投资兴业，为辽源带来更多好的企业、好的项目和好的理念，通过优势互补，实现互利共赢。

副市长吴宏韬表示，辽源愿意为服务博商同学会会员服务社会、服务企业提供一个互利发展、共同进步的崭新平台。希望辽源与博商基金通力合作，共同发展，进一步推动合作向更广领域、更高层次迈进。辽源市委、市政府将竭诚提供一流的环境和优质的服务，让博商会在辽源得到最大的收益和最满意的回报。

签约仪式后，辽源市代市长金育辉代表市政府授予了石坤山会长"辽源市人民政府顾问（经济）"，并颁发了证书，以感谢石会长在双方合作中所作出的努力和贡献。

博商会与辽源市的合作弥补了博商企业在市场和资源方面的需求。本次合作是博商会与地方政府的首次合作尝试，对于博商会未来的发展方向具有重要的示范作用。

关于此次合作，曾任伟提出，期望未来的合作在三个方面创新：模式创新、政策创新、机制创新。期望辽源市在土地政策、税收政策等方面可以给予博商企业足够的优惠，同时期望博商会的企业家们能实实在在为辽源市经济社会发展作出贡献。

此后，博商会企业在湖北等地先后落地，兴建产业园区，融入当地经济。

其中，清华总裁242班宋竞雄等几个博商会同学在湖北的爱商光电LED生态产业园项目受到了广泛关注。

深圳有很强的LED产业基础，而博商会里也有大量的LED企业，宋竞雄的企业就是其中之一。在汇聚了强大的品牌、实力与产能后，LED企业在深圳也遇到了土地紧缺、成本急速上升等诸多问题，亟待寻找更大更好的发展空间。就在这个时候，湖北孝昌当地的官员也正在四处寻找合适的项目，他们通过一些途径了解到了博商深圳同学会，并接触到了宋竞雄。宋竞雄应邀到孝昌进行了几次考察，又联合了另外一个博商会的会员企业考察了几次，大家都觉得在孝昌落地非常合适。

商界理想国

2012年3月23日，由多家博商深圳同学会企业建设的湖北爱商光电LED生态产业园项目在湖北孝昌县开工兴建，湖北省政协主席杨松、省工商联主席赵晓勇、广东省湖北商会会长王军华、孝感市和孝昌县的主要党政领导以及来自北京、深圳、武汉等地的300多位嘉宾共同出席了奠基仪式。

湖北爱商光电LED生态产业园以"科技、生态、人文、全产业链"为主题，定位打造集LED屏幕、照明、研发、生产、销售、展示、居住、示范为一体的绿色生态型、环境友好型、文化创新型的新一代产业园区，产业园项目前期投资10亿元，预计总建筑面积将达到13万平方米以上。

2012年2月，美国能源局（DOE）对外发布的报告中，对LED、CFL和白炽灯的生命周期能源消耗进行了分析比较。在平均生命周期内，LED灯泡和CFL所消耗的能量相差无几，约为每功能单位3900兆焦耳（功能单位指2千万流明小时）；但白炽灯能源损耗达到15100兆焦耳，相当于LED所消耗能源的近4倍；一盏40瓦的白炽灯与相同功率的LED半导体照明灯相比，白炽灯耗费的电力是后者的8倍以上。

在使用寿命方面，LED灯具的工作寿命高达到8万～10万小时，与普通节能灯相比也具有强大的竞争优势。同时，报废的LED灯具没有污染性，而普通节能灯具含有汞和其他重金属，一支普通的节能灯具报废后在自然环境中能污染180吨的地下水。

绿色照明产业发展潜力巨大。单就室内照明来讲，假如我国有三分之一的灯具更换为LED节能灯就能节约出整个三峡发电站一年的发电量。

正因为普通白炽灯的劣势，国家早在2010年就出台政策，计划在近几年内逐步淘汰白炽灯。这为LED产业发展带来了巨大商机。

身为爱商光电董事长，宋竞雄提出："绿色低碳是产业园立园之本。"

孝昌县党委和政府对产业园的投产兴建非常重视，主管该项目的孝昌县副县长刘刚强表态："县委、政府将大力支持，力争项目当年建设、当年投产。"

据悉，该项目建成后将可实现LED全产业链在孝昌区域内的本土化生产，产业集群包括五金加工、精密磨具制造、塑胶制造、线路板制造、LED封装等应用五大类。可实现年销售收入超15亿元，实现利税超过8000万元，可提供3800多个就业岗位。

会长石坤山，秘书长郑义林，副会长赖爱忠、廖英武、李培源、郭晓林、赵忠、陈步霄等人认为，博商会走出深圳，到更广泛的内地发展是大势所趋，因此，博商会近年来逐步实施"走出深圳"策略，到更具潜力的地域投资发展，让更多内陆地区享受深圳先进的管理理念和特区建设成果，帮助这些地区走向富裕。

未来，博商会企业还有诸多其他大型项目将在全国各地陆续落地。

整合产业链

博商会行业委员会主要是依据行业属性进行资源整合，为博商会员企业提供行业类的服务。在行业委员会的推动下，博商会举办了很多行业交流会、展会和产业联盟，以整合博商会和其他行业资源，更好地为博商同学服务。

同时，当今经济已经发展为产业链竞争，单家企业散兵游勇、打游击战，胜算的几率越来越小，行业整合、结盟已经成为重要趋势。

经过多年经营，博商会在照明、灯具、能源行业已经成功汇聚了300多家像深圳光海光电、广东宏磊达光电科技、深圳市通普科技、深圳市泽金光学电子等这样的高新企业。博商会理事会成员认为在照明行业率先实施新型商业模式的时机已经成熟。在酝酿成熟后，博商LED行业联盟开始筹办交流会。

深圳光海光电董事长林仁祥被推举为博商会理事之后，兼任博商LED产业俱乐部副部长，在筹办交流会过程中，他率先带领和动员自己的兄弟企业报名参加。

林仁祥曾经说过："在LED产业混乱的时刻，企业更应该对产业进行分析，才能知己知彼。"要想对产业进行分析，只有通过参加大型交流会，才能掌握大量产业信息从而作出正确判断，减少闭门造车、产能过剩等风险。

　　2010年5月，博商会曾经首次尝试举办行业活动——"电子制造类行业大型交流会"，近300名博商同学参加，当时大家都没有经验，这次交流会有点像"摆地摊"，但是大家其乐融融，感受到了浓浓的同学情。后来，行业活动的档次和影响力逐步提升。

　　2010年12月，博商同学会LED行业俱乐部（后更名为"博商LED产业联盟"）成立大会暨LED行业大型交流会在深圳举办。LED行业名企名流共有300人济济一堂，一起分享了《中国LED产业现状和趋势》分析报告。在交流会现场，博商会会员企业与深圳LED产业联合会会员企业签订了战略性合作框架协议，协议交易总额超过2亿元人民币。相比之下，企业之间万元级别的交易额不能与之相提并论。行业精准对接、交易额巨大，这就是博商会组织对接行业交易的优越之处。

2010年12月21日，博商同学会LED行业俱乐部成立大会暨LED行业大型交流会在深圳麒麟山庄举办，共有来自深圳、东莞、广州、惠州、佛山等地共300人参加交流会。深圳市LED产业联合会常务副会长兼秘书长眭世荣先生应邀作题为《中国LED产业现状和趋势》的分析报告。

　　为了趁热打铁，2011年4月，博商LED俱乐部作为2011中国（深圳）LED展的协办方之一，组织部分LED学员企业参加本次展览。为提升博商同学会LED行业俱乐部在业界的影响力，博商会又对参加展会的LED博商企业进行统一的形象设计。这次展会上，博商会LED行业会员采用统一设计的形象出现，向同行业展示出博商会精诚联盟的产业风貌。

　　在举办了大型交流会和特装展览会之后，为将商贸活动落实到实处、防止"一阵风"现象，博商会又助推成立"LED企业联盟"。

　　2011年6月，博商会、深圳LED产业联合会会员及珠三角LED企业代表共有500多人聚集深圳，开展主题为"百年清华推动LED产业发展高峰论坛暨深圳LED产业联合会—博商LED企业联盟成立大会"。

2012年6月28日，2012深圳国际LED展览会在深圳会展中心九号馆拉开帷幕。博商会作为协办单位，共组织了近百家LED企业参展，并以统一的标示组成别具一格的"博商展区"。此次展览会为期三天，包括全产业链精品集中展示、光环境模拟展示、城市照明体验馆等精彩环节。

原工信部电子信息司副司长、现中国半导体照明——LED产业与应用联盟秘书长关白玉女士、深圳市科技创新委副主任邱宣女士、深圳市LED产业联合会眭世荣会长等相关领导到场祝贺，并对深圳LED产业的发展提出了宝贵的指导意见。

博商深圳同学会石坤山会长、博商同学会秘书长郑义林、博商LED俱乐部常委一行莅临展会现场。石会长表示，博商LED俱乐部是同学会中较为活跃的一个俱乐部，举办的很多活动都增进了同学感情，同时也给同学企业带来实惠，应该进一步发扬奉献、服务、分享的博商精神。

2012年7月，高工LED联合博商会在深圳举行LED产业发展态势与产业链合作论坛。高工LED全称是高工产业研究院LED产业研究所，它是专注于中国LED产业经济和市场研究咨询的研究机构。高工LED与博商会的联盟，大大增强和丰富了博商会LED产业链服务的能力。

对于产业联盟，赖爱忠深有体会，他说："在LED行业，做材料做配套的企业，应该做些合作，才能在未来市场上站稳脚跟。"

除LED外，博商行业俱乐部还组织了众多其他行业的活动。

2010年7月，博商深圳同学会行业委员会组织"五金塑胶及相关产业链大型交流会"，来自深圳、广州、东莞、惠州的238家企业近300人参加交流会。通过行业大型交流会，博商同学获得大量的商机，极大缓解了企业危机。

为响应国家西部大开发战略，支持新疆基础建设，2010年7月，博商深圳同学会举办了第二次商务交流会暨新疆投资项目交流会，意在联合深圳企业家协会、新疆政府和博商会三方力量为帮扶新疆建设出谋划策。会后，还组织相关代表到新疆进行考察，寻找最佳投资项目和最佳投资时机。

在国家房地产严控政策高压和民众观望情绪的双重打击下，博商会为提振行业信心，在2011年11月举办了"博商建筑产业俱乐部成立及交流会"，让很多博商会企业看到了新的商业机会、新的发展希望。

这种行业活动几乎每月都有，很受博商会企业的欢迎。

博商会行业委员会成功的背后，有一批人员在默默奉献。曲雪梅就是其中一个。

博商会名誉副会长曲雪梅，兼任校方行业发展中心总监，由于在深圳当地拥有较好的人脉关系，手中掌着大量企业总裁的信息，善于同各行业、政府部门沟通协调，因此，当单个博商企业遇到难以解决的问题时，曲雪梅就主动出来帮助沟通。很多时候，博商会各地同学会呈报上来的行业大型活动，曲雪梅都会与当地各行业协会要员、企业名流和当地政府部门做"事先沟通",为活动预热,并打通必要的关节。

统一的商务平台

博商会一直在探寻博商企业之间资源整合的模式。

博商会副会长郭晓林主持研发的"F2BC"商业模式引起了博商会诸多企业的关注。

郭晓林是清华总裁L248班班长,有着近十年的网络营销经验。2009年5月,郭晓林成立了深圳卡酷尚国际实业,后来发展成为集团公司,主要生产卡酷尚等一系列健康产品出口海外。郭晓林研发的卡酷尚"F2BC"商业模式,就是生产工厂把生产出来的产品卖给销售商或者进行自我零售。相对于电子商务领域常见的B2B(商家对接商家)、B2C(商家对接顾客)、C2B(顾客对接商家)、C2C(顾客对接顾客)等模式,卡酷尚"F2BC"商业模式的创新在于货物从工厂直接送到商家或顾客手里,减少了大量中间环节,大大降低了成本,让消费者得到了实惠。

博商会对上述商业运作模式进行了改造,提出了"O2IBC"模式——"O"就是"Organizations"组织,"I"就是"Industry"行业,"B"就是"Business"企业商家,"C"就是"Consumer"顾客消费者。"O2IBC"模式即组织对接行业、商家和顾客。

供应链管理最早来源于现代管理学之父彼得·德鲁克提出的"经济链"，而后演变为"供应链"。供应链管理的关键就是要加强对信息流、物流、资金流的控制，它将供应商、制造商、分销商、零售商通过产品有效关联起来，让企业的工业产物流向消费者，再从消费者那里获得流回的信息和资金。

除了拥有供应链管理的特征之外，博商会的"O2IBC"新型商业模式还积极开展行业循环经济实验，以实现企业利润最大化和可持续发展。行业循环经济是一种在某一行业进行内环流动的经济形式，即在某一行业内，将生产的起始点和最终点有效关联起来，实现从"原料—生产—消费—排废—原料"的循环。博商会有效整合了大量中小企业资源，可以实现行业内企业供求的无缝对接。

博商会的"O2IBC"系统，突破了单个企业的界限，在行业内进行信息流、物流、资金流整合。但博商会近万家企业分布在40多个行业，包括机械、五金、照明、灯具、能源、汽车、饮料等，在如此庞杂的行业中，如何实施"O2IBC"这种新型商业模式？

万丈高楼平地起。

如果能组建一个低成本的交易平台，就可以将万余家博商企业联系起来，构建一个各种商业信息汇聚的平台，节省大量沟通成本、诚信认证成本和时间成本，助推企业迅速成功。博商会通过其官方网站（www.boshang.org）进行了这种尝试。

博商网的诞生与企业博客的发展有着密切的关联。

Wed2.0出现之后，博客、微博逐渐兴盛，这些平台鼓励网民进行自我表达、抒写日志。2005年开始，国内各大门户网站新浪、搜狐、网易、腾讯等纷纷推出博客平台。很快，企业看到博客营销的巨大威力，所以以CEO博客、企业博客、产品博客、领袖博客等商业博客渐渐发展成为商业博客应用的主流。博商网的诞生也受到了阿里巴巴等B2B网站的启发。

2009年5月，博商网立项开发。

博商会成立后，第一届全体理事成员名单落定，理事会主要成员都认为要抓住有利时机加快博商网的建设与开发。

博商会组织创建之后，清华大学的大量学员转变为博商会员，急需一个统一的平台提供多样化的商务服务，博商会理事成员对网站的建设和优化也给出了不少意见。此时，曾任果在繁忙教务之余，依然关心博商网的建站进程，并委托博商会秘书处进行跟进和接管。

为了让人一眼就可以看出博商会的组织性质，符合国人拼读习惯，博商网以"博商"的拼音+".org"后缀表现组织协会身份。

2010年3月，博商网推出智能建站系统，博商会员只要注册成功就可以自动生成企业商铺，马上可以发布产品信息、品牌信息和服务信息等商业资讯。4月，博商网又为博商网上的会员推出第一款页面应用软件——友客进销存管理系统。此举极大方便了博商会员在线即时管理进销存信息，为企业省下自行购买和安装大型管理软件的费用。

经过不断的测试和修改调整之后，博商会理事会成员迅速通过了博商网上线运营的请求。

2011年10月，博商网（boshang.org）正式上线。博商网作为博商会的官方网站，定位于中小企业资源整合平台，致力于为博商会员提供优质高效的商贸服务。

2011年10月，博商网（boshang.org）——中小企业资源整合平台正式上线。博商网是博商会的官方网站，定位于中小企业资源整合平台。博商网多次改版升级，以求更加符合博商人的实际需求，帮助更多博商企业寻找商机。

博商会给会员提供了诸多优惠：博商会员在网站刊登会员企业信息、产品信息等广告服务可享受75折优惠。目前，在博商网首页做品牌推荐的企业达到30多家，包括楚天大酒店、麒麟山庄、广东中旅旅行社、茶马古道茶叶行、宝中旅游、大洋机电、卡酷尚、油松加油站等。

在博商网深度开发企业博客之时，微博（微型博客）又兴盛起来。博商同学们开始玩微博，通过微博探讨社会热点和商务问题。

为满足博商同学们随时随地互动交流的需要，2011年11月，博商会官方腾讯微博正式开通上线。博商会官方微博将不断为博商同学传递有价值的商讯、组织一些在线互动活动、策划一些博商同学喜闻乐道的话题，还可以利用微电影、微博营销等新手段、新技术将博商网的服务功能迅速传达出去。

陈步霄被推举为博商会的副会长之后，在他的个人影响力和人格魅力的感召下， 50多家化工企业纷纷进驻博商网，包括深圳市贝加尔电子、东莞四维化工、惠州市新圩辉煌涂料、长沙练达化工等。通过博商网这个平台，这批化工、电池企业在原材料采购等供求对接上获得了诸多便利。

一卡便天下

博商会成立两年之后，汇聚了大批博商同学，这些博商同学在进行商贸活动时渐渐形成了强大的消费圈。为了更好地为博商同学服务，充分整合各行业资源，利用信息化手段让博商同学随时随地对接相关博商企业，博商会在理事会议中通过决议，隆重推出了"博商卡"。

博商卡既是博商会员的身份证明，是参与博商会各类活动的入场凭证，彰显其尊贵身份；又可以在博商卡众多合作单位享受到2折至9折不等的优惠。

　　由于银联卡盗刷案件时有发生，为了提高博商卡的安全性和兼容性，博商会委托秘书处寻找有实力的博商企业合作制作。经过多方的考查与对比，郑义林秘书长最终选定了博商企业深圳市德健电子有限公司制作博商卡，德健全程赞助博商卡的制作，不收一分钱，只提出在卡上印上"德健制作"。

　　深圳市德健智能科技有限公司已经有10多年的发展历史，获得过多项国家产品著作权和专利，每年生产的各类智能卡产量高达1万张（IC卡、ID卡、异型卡、水晶卡、CPU卡、钥匙扣、电子标签等），其生产的智能卡广泛应用在学校、企业、安防、交通、物流、防伪、食品追踪等领域。这种智能卡技术含量高，且与银企银联、第三方支付网络平台保持着良好的合作关系。

　　加入博商会之后，德健智能科技的老总陈志杰同学一直想为博商会做点贡献。在接到博商会秘书处的邀请后，马上叫生产设计部加班加点赶出2012年"博商卡"的样版，这个样版设计时尚、庄重，符合精英人士的身份。设计方案很快就获得了博商会理事会的一致通过。

2011年博商会正式推出"博商卡",同时签约年度博商卡合作商家30余家,竭诚为博商企业服务,互惠互利。

　　有了博商卡之后,如何让大量博商企业成为博商卡合作企业?在一般企业看来,这样的合作大大减少了商家的利润空间。不过,博商会秘书处的人员告诉合作商家,博商会成员都是企业的高层领导,消费活动频繁、消费额度高,与博商卡合作的企业不要看单笔的回报率,应该看到长期的收益,企业加盟博商卡完全可以实现薄利多销。

　　为消除加盟企业的疑虑,博商会迅速推出了《博商卡——商家合作方案》。该方案充分阐述了商家与"博商卡"进行合作的五大优势:第一,博商卡以博商网作为重要的宣传平台,合作的商家可以分享到万余家中小企业的现成资源;合作商家可以通过博商卡成功对接高端消费需求,因为博商会员都是企业的总裁、高管、高层,在商贸、饮食、保健和交通等领域消费频繁。第二,合作商家可以找到无限的商机;合作商家在博商卡宣传活动中,享受一系列免费品牌推广。博商会在各种商务活动中通过媒体、网络、杂志、行业协会等渠道宣传博商卡，同时也连带宣传博商卡合作商家信息；合作商家可以享受到不断增量的消费渠道。第三，博商会在发展博商会员、组建各种各样的俱乐部时，都能给合作商家带来更多的消费机会；博商卡有效的监督机制，能够确保合作商家的利益。第四，博商同学在利用博商卡进行消费时一般都会根据约定的折扣率进行结算，合作商家也要兑现自己所作出的承诺，让博商会员享有商家所提供的优惠、便民服务。第五，不存在价格欺诈、当地起价、抬高价格再打折等现象。

《博商卡—商家合作方案》推出之后，很多博商企业都想成为博商卡的合作单位。但是万余家商家不可能家家都成为合作商家。

为了解决这个问题，按照"公平、公开、公正"的原则，博商会提出了以"竞拍"方式选择博商卡的合作商家。具体做法是以底价5000元/年起拍，从博商会员企业所涉及的每个行业中选出价最高的前三位，成为博商卡的合作商家。博商卡的管理费主要作为博商同学会的运作费用。

上述合作协议一般为一年一签，这样有利于博商会对合作商家进行动态调整，解除一些诚信不好和经营不善的合作商家与博商卡的合作，以确保博商同学能享受到优质的服务。

为更好地实施监督，博商会还成立了商家监督委员会，在博商会员中进行隐秘调查，确保博商同学持有博商卡享受博商价，一旦发现合作商家的定价高出市场价格10%，将会给予2倍的罚款，并给予2~3次思过和悔改的机会，如果合作商家有超过3次的不诚信行为，将会取消其作为博商卡合作商家的资格，并在博商网站进行公示。

如果合作商家产品品质、服务质量不符合约定要求，商家监督委员会将会呈报博商会相关领导建议取消其作为博商卡合作商家的资格，并在博商网站进行公示。

宋志生原是深圳市南山区茶马古道茶叶商行主要经营者，在博商会成立后就加入了博商会。2010年7月，博商深圳同学会兴趣俱乐部羽毛球队成立后，宋志生被推举为队长。宋志生为了丰富博商会同学的业余生活、进行健康锻炼，定期组织博商同学进行羽毛球友谊赛和区域联赛。

2012年开始，博商会开始竞拍博商卡合作商家，宋志生踊跃报名竞拍，最终在茶叶行业中竞拍成功。成为博商卡的合作商家之后，博商会员凭借博商卡到茶马古道茶叶行消费相关茶品即可享受到75折优惠。

宋志生还可以把博商同学公司的LOGO、名称印在茶饼上，这对于博商同学具有很大的吸引力，大家纷纷前来订购茶饼礼品。成为博商卡合作商家后，宋志生的茶行营业额不断提升，他的高端茶叶也顺利进入了高端消费领域。

南国水岸国际水会在水疗行业竞拍成为博商卡合作商家之后，约定博商会员持博商卡在南国水岸现金结账为7折优惠，并认真实行各项优惠项目，让持有博商卡的会员真正享受到实惠。因为博商卡消费有优惠，所以一些博商会同学就将商务活动搬到这里来。

由于博商会会员群体的消费能力强、博商卡的商家合作方案做得好，越来越多的博商企业通过竞拍的方式成了博商卡的合作商家，而博商会一直坚持着宁缺勿滥的原则，所以博商卡的合作商家都是一流的优质企业。

目前，除了茶马古道茶叶商行、南国水岸健康水会之外，深圳第一健康体检机构、深圳B＆B俱乐部、油松加油站、新梅园饮食集团、芙蓉楼、深圳金光华广场等50多家各行各业的领军企业都如愿成了博商卡的合作商家。

未来，博商会还会不断发展会员，加大博商卡的发行力度，不断开发博商卡的用途，让这张卡发挥更大的作用。

解决博商企业融资难题

融资难一直是国内中小企业遇到的老大难问题。在国家收紧银根、市场环境不好、企业经营出现阶段性困难的情况下，中小企业要想获得银行贷款等金融服务更是难上加难。

由于市场的剧烈变化，部分博商企业出现了阶段性经营困难，需要技术创新、流程再造、研发新产品，但这些都需要资金。而金融危机、次贷危机、欧债危机，让众多银行收缩放贷额度，珠江三角洲地区一度出现企业倒闭潮。据不完全统计，从2008年到2011年，珠三角地区已经有超过1000家出口型企业破产。

部分博商企业也经常遇到这样的问题——想借钱但是苦于没有人愿做

担保，没有资金进行技术创新就导致产品销售出不去，产品销售不出去，反过来更加没钱进行持续经营，企业陷入恶性循环。地处中国经济一线城市深圳，博商会对于企业融资难的尴尬，可谓感同身受。

为此，在深圳理事曾小明的牵线下，博商会秘书处开始与银行频繁接触，探讨为博商企业解决融资难题的途径。

2012年5月，博商会与中国建设银行深圳分行联合推出"博商贷"、与广发银行深圳分行联合推出"博商通"金融服务产品。这是博商会第一次与银行企业达成战略性合作。

"博商贷"、"博商通"两项金融服务，是为博商企业度身定做的多元化融资平台，博商会员通过"博商贷"、"博商通"可以享受到特殊的信贷优惠及服务。"博商贷"和"博商通"不仅简化了中小企业的贷款流程，还整合了企业担保资源，像信用担保、企业联保、博商会担保、博商基金担保等多种担保方式可灵活组合。

"博商贷"有三种信贷担保创新：第一种是"博商信用贷"，这种贷款全靠博商企业以往的经营信用作担保，由博商企业、博商同学自愿报名借贷，经过博商会分会理事会讨论审核并签字推荐即可安排放贷，不需要提供类似厂房、物业、机器设备等任何抵质押物。"博商信用贷"的起点额度为人民币50万元，最高借贷额可达人民币300万元。

第二种是"博商担保贷"。这种贷款需要专业的担保公司担保，在博商企业当中就有湖南珊利投资担保有限公司、深圳市中兰德担保融资股份

2012年5月10日，中国建设银行深圳分行、广发银行深圳分行与博商会携手推出"博商人"专属的创新性系列金融产品——"博商贷"、"博商通"，这一举动进一步推动了银行与中小企业的资金协作，为中小企业打造创新型的多元化融资平台。

有限公司等多家担保公司，银行完全可以通过与这些担保公司合作，针对博商会会员推出系列融资担保产品。"博商担保贷"担保额度中可以给予博商企业100万至500万元的信用敞口，给予博商同学个人50万～200万元的信用敞口。

　　第三种是"博商联保贷"。这种贷款需要利用学员之间的互助和相互联合进行联合担保，一般由3家或3家以上博商企业，自愿组成一个联合体，联合体成员之间协商确定各自借款金额，联合向银行申请贷款，联合提供担保，每个学员既是担保人，又是借款人。在这种联保贷款中，单户金额不超过500万至2000万元。

1988年在广州成立的广发银行，是国内最早组建的股份制商业银行之一，作为中国金融体制改革的试点银行，广发银行正努力建设成先进的现代化商业银行。近几年，广发银行努力提升全行中小企业金融服务水平，逐渐将自身打造成为"中国中小企业最佳合作银行"。博商会就是一个整合中小企业资源的平台，与博商会深化合作可以大大拓宽该行的服务渠道，所以广发银行与博商会的合作也一拍即合。

广发银行为博商会量身打造的"博商通"金融服务方案，内容覆盖企业融资、个人融资、特色信用卡等，博商同学凭借博商卡可享受在广发银行优先获得企业及个人贷款、贷款利率优于市场水平等专项服务。

广发银行的"博商通"主推两种担保方式：一是"同学联盟贷"，主要以博商会的优质中小企业为目标客户，以企业联保和联盟体保证为主要风险控制手段，对优质中小企业客户批量授信。这种"同学联盟贷"授信额度不超过5000万元。二是"会员个人信用贷"，主要方便博商企业、博商同学进行个人信用贷款，这种贷款免抵押、免担保，最高额度30万至50万元。

中国建设银行深圳分行对博商会授信总额度高达50亿元，广发银行深圳分行的"博商通"对博商会的授信总额达10亿元。上述授信额度包括但不限于流动资金贷款、银行承兑汇票、进口押汇、出口押汇、贴现、保理、付款保函等。有银企给博商会的高额授信，大大缓解了博商企业融资难的窘境。很多博商企业在成功获得贷款之后，企业经营出现了良好的转机，还到外地投资办厂，加速了企业集团化建设进程。

到目前为止，多家博商企业成功获得了建行的贷款，这些博商企业大多来自珠宝首饰饰品、鲜花礼品工艺品、玩具游戏机、医疗药品保健、IT科技软件、房地产、文化娱乐休闲等行业。

探寻新商业模式

思路决定出路，布局决定格局，商业模式决定企业成败。博商同学们大都有了一定的经济实力，有更多的投资需求。博商企业家们必须紧跟时代步伐，在千变万化的市场环境中开拓进取。为激发博商同学的二次创业热情，开拓思维，探寻更多商业机会，共享管理智慧，博商会组织了商业模式设计大赛。

2010年，博商会举办了首届"博商杯"商业模式设计大赛，该次大赛由秘书处组织、策划，此次大赛共有22个小组参加，经过了初赛、决赛，最终评出了一批优秀项目。组委会邀请了危正龙老师现场指导如何创新商业模式及如何构建商业模式。

首届商业模式大赛圆满成功，获得博商同学们的热烈欢迎。于是，博商会决定将商业模式大赛持续办下去。

2011年12月13日下午,由博商同学会主办、博商深圳同学会承办、联合安泰物业管理有限公司冠名赞助的第二届博商"联合安泰"杯商业模式设计大赛鸣锣。

此次比赛吸引了来自深圳、广州、东莞等地的16支参赛团队。此次参赛的项目,从锂电池到汽车文化的推广,从3D购物城到珠宝销售,项目丰富、构想奇特。但是,在专业评审老师看来,这些项目依然存在一些需要改进的地方,如盈利路径不太清晰、定位不够精准、行业本质研究不够、创新途径和方法不够等问题。

经过两天的商业模式特训营培训,参赛团队在教练老师的指导下完善了参赛的商业模式。初赛阶段,各选手按照抽签顺序依次上台,演示完毕后接受评委们的犀利提问。经过激烈的角逐,最后10个参赛团队脱颖而出。

初赛的专业评委危老师指出,博商会的企业家们拥有难能可贵的创新精神,参赛的商业模式体现了很强的创新性和浪漫色彩,也有可执行力很强的项目。

12月22日下午,第二届博商"联合安泰"杯商业模式设计大赛决赛在深圳市麒麟山庄举行。比赛历时3个小时,最终产生特等奖一名,一等奖二名,二等奖三名,三等奖四名。评委团评选出了最佳商业模式创新奖、最具投资价值奖和特殊贡献奖三个奖项。

决赛现场,吴钢同学的《3D动画互联网虚拟MALL》、韦义鸿同学的

《水泥宅急送》、罗文强同学的《可比钻石》三个项目与银行签订了初步战略合作意向。清华C11025班韦义鸿同学荣获了一等奖、最佳商业模式创新奖、最具投资价值奖。特殊贡献奖则由赞助此次比赛的联合安泰集团董事长温冬青摘得。

温冬青是上一届商业模式设计大赛的参赛者，她以一个过来人的身份回顾了商业模式从设计到落地生根的过程。

爱新觉罗·启翊教授重点点评了三个让他印象深刻的商业模式。他表示：要学习商业模式，而不要完全依赖商业模式；同时，一个成功的企业案例、一个成功的商业模式也要结合那些必需的关键因素，要从整个产业链的高度去看待问题以及运营商业模式，这样才能带领企业走得更远、飞得更高。

作为主评委之一，校方代表曾任伟表示，如今的中小企业正处于"严冬期"，面临融资难以及其他运营和管理上的问题，可谓危机四伏，而商业模式正是最大和最好的突破口，企业家的注意力从具体操作环节转向整个商业模式的重新考量，显得尤为必要。石坤山会长也高度肯定了举办此次商业模式设计大赛的意义。

2010年12月28日，首届"博商杯"商业模式设计大赛决赛在深圳麒麟山庄举办，10支参赛团队经过激烈角逐，最后产生一二三等奖。本次评委嘉宾有来自深圳市中小企业服务中心、中信银行、投资基金公司、深圳市社科院及深圳清华大学研究院的专家领导。

第二届商业模式大赛参赛项目：

姓名	项目名称	简介
吴钢	3D动画互联网虚拟MALL	在互联网上虚拟出一个集购物、游戏娱乐、时尚资讯了解为一体的在线MALL。
韦义鸿	水泥宅急送	通过宅急送的业务模式来销售水泥。
罗文强	可比钻石	用电子销售系统平台在终端市场铺点占位，并在平台上产生钻石交易，为终端销售网络提供产品服务、培训管理等服务帮助解决零售企业的运营问题。
古文胜	中华康华	通过销售终端产品锁定有限的消费者，核心产品是消费资源数据库。
胡张伟	全球珠宝创意整体解决方案互动平台	整合珠宝行业全产业链的一个功能性平台。通过核心的设计师平台整合原料供应、加工工厂等，实现全系统各环节的交易。
魏善奎	电动自行车锂电池	定位当代大学生的集研发、生产、销售于一体的电动自行车整体解决方案。
张志军	握手网	通过此平台将身边与制造相关的企业家、职业人士等紧密联系起来，分享和传递优势力量，从而达到拓展商务人脉、丰富行业经验的目的。
邓冰	CMC	通过CMC模式，让消费者和经销商的双重身份发生转变，消费成功后即可获得相应的利润提成。
廖英武	团队形象力增值方案	通过搭建企业家及行业平台，把握市场需求并研发推广形象力产品，为品牌连锁企业量身定制团队形象力增值方案。
陈志昌	汽车文化发展公司	专门为全球性汽车产业链整合和互动的商业活动力量，核心就是将汽车文化产业单一的模式多元化发展，通过汽车文化广场这一平台，实现汽车后产业链和跨界产业链的模式来获取利益的最大化。

获奖名单：

参赛号	姓名	班级	所获奖项
6	吴钢	258	特等奖
4	韦义鸿	C11025	一等奖
9	罗文强	259	一等奖
7	古文胜	广州七班	二等奖
8	胡张伟	C10012	二等奖
2	魏善奎	256	二等奖
1	张志军	273	三等奖
5	邓冰	222	三等奖
10	廖英武	国学班	三等奖
3	陈志昌	266	三等奖

最佳商业模式创新奖：韦义鸿

最具投资价值奖：韦义鸿

特殊贡献奖：温冬青

为会员企业保驾护航

经营企业会面临各种各样的问题，而博商会里大都是中小企业，应对很多复杂问题的经验不足，又缺乏专职的专业人员。为此，博商会整合了很多资源，通过提供免费培训等方式，满足博商会企业家们的需求。

通用电气前首席执行官杰克·韦尔奇警告说："法律风险等于商业风险，公司管理层有责任管理公司法律风险。"可见，法律对于中小企业的重要性。

很多企业都有应收账款难以按时收回的困扰，对于流动资金并不太充裕的中小企业来说，这是很大的风险。为帮助更多企业家有效控制应收账款风险，运用更多的法律途径催收账款，博商同学会主办了题为《企业应收账款催收法律风险控制及法律途径催收技巧》的公益讲座。

主讲人是269班学员杨志刚，他是东卓建律师事务所合伙人/律师、企业法律风险管理部主任、第八届深圳市律师协会公司法律业务委员会主任。杨志刚擅长债务追偿、法律顾问及公司法律业务、融资及投资并购等法律问题；拥有独特人脉资源，擅长追查债务人房、车、投资等隐蔽财产线索。

近百位企业家会员及公司高管参加了本次讲座。

杨志刚提出，企业家可以没有法律知识，但不能没有法律意识。一切商业的、非商业的风险均以法律风险暴露出来。

当晚的讲座上，杨志刚律师主要讲解了常见的逃债手段、逃债的常用借口和危险信号、债务追偿的法律风险控制、追偿的法律技巧、私家侦探社与收数公司的区别等五大方面的内容，并辅以不同的真实案例，让现场的学员受益匪浅。互动环节里，学员们积极向杨律师咨询关于企业应收账款催款的各种问题，同时也通过一些自身的真实经历和感受，让在座的各位都能有所借鉴。课程结束后，学员们争先恐后围着杨律师继续咨询。

这种免费活动，不过是博商会每年举办的大量活动中的一个。通过提升博商企业家会员们的法律专业水平，普及工商、税务、海关监管知识等，博商会为会员企业们保驾护航，辅助这些中小企业稳健成长。

善行天下

真正的爱，应该超越生命的长度、心灵的宽度和灵魂的深度。

柏拉图

一场暴风雨过后，

成千上万条鱼被卷到一个海滩上，

一个小男孩每捡到一条鱼便将其送回大海，并不厌其烦地捡着。

一位路过的老人对他说："孩子，你一天也捡不了几条。"

"我知道。"孩子头也不抬地回答。

"那你为什么还这样做？谁在乎呢？"

"这条小鱼在乎！"孩子一边回答，一边捡起小鱼扔向大海。

"这条在乎，这条也在乎！还有这一条、这一条、这一条……起码我捡到的鱼，它们得到了新的生命。"

是的，对于成千上万条鱼来说，

救起一条不过是千万分之一的成就，

但是对于这被救起的鱼来说，

它获得的就是百分之百。

博商人都很喜欢上面这个故事，他们想当故事里的小男孩——虽然自己的力量单薄，但是还要继续做一些力所能及的事情去帮助和改变那些需要被帮助的人。

孩子，让我为你遮风挡雨

　　九天机构营销策划公司副总经理董琳2011年6月进入清华总裁246班，她很快就被博商会的特殊氛围吸引了，立即加入了这个组织，也经常与大家一起做一些公益事业。

　　有一次，一位同学的爱人说起深圳有个叫华阳特殊儿童康复中心的地方，建议大家找时间去看看。

　　华阳特殊儿童康复中心的创办人是一位70岁的老人，他的女儿是学康复的，出于共同的心愿，他们在若干年前创办了这个非营利机构，主要收治脑瘫、孤独症、身体残疾的孩子等，有些孩子是被遗弃的。

　　2010年11月6日，天空飘着蒙蒙细雨，凉风习习。清华总裁246班同学及其家属一行40多人，风雨无阻地来到深圳华阳特殊儿童康复中心。董琳见证了那一次刻骨铭心的"爱心之旅"。

当130多个残疾儿童陆续出现在大家面前的时候，很多同学流泪了。其中一个长得五大三粗、平日里给人的感觉并不怎么感情细腻的同学也泪流满面。有个外号叫"花花公子"的男同学，平日给人的感觉是放浪形骸，做事从不用心，但此时此刻，他抱着这些孩子的时候显得异常认真、非常郑重。而很多女同学更是哭得无法自已。

董琳经常来这里，于是孩子们就认识她了，每次她来的时候，孩子们就争先恐后地伸出双手让她抱，一旦被抱起来，孩子们就不想被很快放下来。还有一个孩子，被一名女同学抱起来的时候，突然清晰地叫了声"妈妈"。正在一边的董琳眼泪当时就下来了——她发现，这些从小失去父母的孩子，从小严重缺乏父母疼爱的孩子，他们虽然生活无法自理，需要特殊照顾，但是，这些孩子天性敏感，他们对父爱、母爱的渴望是如此强烈！他们内心里是多么渴望能像正常儿童那样，拥有一个家、得到父母无微不至的照顾……

与孩子们互动之后，246班班长姚海英代表全班同学向华阳特殊康复中心捐款3.9万元，善款主要用于购买200张儿童床。

博商深圳同学会副会长廖英武感慨万分，他说："虽然今天下着雨，有点凉；但这栋大楼充满了温暖，因为有这么多人在关心这些残疾的孩子。感谢246班的全体同学开展如此有意义的活动，希望将慈善事情持续做下去。"

班委代表董琳发表感言说："赠人玫瑰，手有余香；爱人者，人爱之，助人者，天助之。让我们尽一份微薄之力，给孩子们买吃的当然不是我们的目的，我们所希望的，是在他们幼小的心灵中，能感受到他们并没有被遗弃，他们仍然被人们所关注和爱护，这样，才不至于在未来的生活中留下阴影，甚至是某个人性方面的残缺。我们希望可以做到这些。当然，还需要更多的人来共同努力。让我们用行动彰显社会责任，用爱心传递博爱情怀。"

后来，大家经常去华阳特殊儿童康复中心看望那里的孩子。

此次去华阳特殊儿童康复中心的过程，被同学们制作成了一个短片。

2011年年底，在博商同学会成立一周年年会上，246班同学去看望华阳特殊儿童康复中心孩子的短片被播放出来。此前，年会刚刚上演了一个逗笑的节目，大家还沉浸在刚才嬉闹的氛围中。当这个看望残疾孩子们的片子播出的时候，震撼了所有人，近2000人的会场一下子安静下来，现场所有人都认真看完了这个片子，很多人热泪盈眶。随后，246班的同学们还上台合唱了歌曲《爱的奉献》；而华阳孤儿院的创办人以及两个孤独症儿童也被同学们请到了台上，当这两个孤独症孩子以稚嫩的童声唱起《世上只有妈妈好》的时候，现场很多人都泣不成声。活动结束后，很多同学主动捐款。

目前，博商会很多同学经常自发前往华阳特殊儿童康复中心进行各种形式的慰问。

在董琳看来，目前社会上有三类人群最迫切需要受到关注——如华阳学校那些被遗弃的儿童、工厂女工和富裕一代人的孩子们（主要是教育问题）。董琳希望博商会的同学们今后能参与更多类似的活动。

博爱聚善

博商会的慈善工作开展得很早，部分会员经常自发组织一些慈善活动。博商慈善会决定将分散的个人慈善行为进行一定的组织和梳理，整合博商企业的慈善资源，发扬博爱精神，统一慈善思想，集中力量办大事，使之更加规范、高效，而不是做功利的慈善、做有条件的慈善。

2010年6月14日，博商会举行了首次慈善会议。此次会议确定以"博爱聚善、奉献、服务"为宗旨，未来发展的目标是办成积极的、有特色的、有影响力的、有发展空间的创新型慈善组织。

2010年11月18日，博商深圳同学会第四次理事大会暨深圳博商慈善委员会隆重成立。会上，博商会名誉会长曾任果提议："美国是全民公投，中国是提名表决；按照中国方式，现提名石坤山会长担任博商慈善委员会主席，请举手表决。"结果，德高望重的石坤山会长以全票通过，当选博商慈善委员会主席；博商深圳同学会副会长、分管博商会慈善工作的李培源当选为博商慈善委员会执行主席。

深圳敦懋饰品董事长李培源出生于台湾，从小就喜欢美术，职业技术学院毕业后成立了一家雕塑工程公司设计和生产雕塑产品。1998年，李培源在深圳设立了子公司——深圳敦品家居饰品有限公司，并迅速发展成为装修艺术摆设、家居饰品摆件供应，以及环境艺术工程服务的专业饰品艺术公司。李培源是博商院最早的学位班项目美国斯坦瑞大学MBA的同学，结业后担任斯坦瑞同学会的会长；博商同学会成立后，为更好地服务同学和整合资源，校方建议将斯坦瑞同学会并入博商同学会，并推荐李培源为博商会的副会长。

李培源对慈善工作有着深刻的理解，积极推行"文化慈善"事业，他说："我认为现在是'心'经济时代，卖的是感受、品牌和文化。"在他看来，做慈善也是一种心经济，关键要让别人感受到尊重和关爱，而不是施舍和强迫。

石坤山在当选后发表感言说："'官'越当越多，我会尽全力做好的。很多同学都愿意做慈善，这是一件有意义、有影响的事情。"

2011年7月的"巴马会议"上，石坤山会长指出："我们要健康发展博商慈善事业，并非简单的捐资助学，而是将其'办成积极的、有特色的、有影响力的、有发展空间的、创新型的慈善事业'。"博商会王肃同学建议博商会慈善会要增设专职秘书，有需要时发行增刊将慈善精神发扬光大；此外，理事团体不能过于松散，应建立清晰的责任考核机制。

这次会议上，博商会副会长、博商慈善会执行主席李培源表示，同学

商界理想国

们参与慈善都很积极，但想法很不同，为此，博商慈善首先要统一思想。他指出，博商慈善会应发扬"博爱"精神，跨越种族和国界，有战略目标和方向地做博商慈善，扩大博商的社会影响力和知名度；理性行善而非纯粹感动，在帮助他人之时，也给予别人尊重与认同。有着30多年慈善经验的张鹏万先生为博商慈善会草拟了规章，给出很多建设性的想法。

由于慈善活动是企业、社会责任的体现，应尽量开放给大家共同参与，因此，博商慈善会设立了六个小组，分别包括募款活动组、公关文宣组、项目执行组、项目执行绩效追踪组、财务组和青年及亲子活动组。由两位副执行主席主持工作，吸纳委员14人，一共设置了35～70博商企业家共同推动做好博商慈善事业。

博商慈善会还制订了《博商慈善宣言》：

我们自八方而聚

汇于博商舞台

我们是爱的使者

播撒慈善情怀

凝聚力量传播爱心

让友善冲散阴霾

珍惜生命 生活增彩

我们为真爱而来

或许我们仅是一支蜡烛

也要照亮一片爱的空白

或许我们就是一滴雨露

也让爱的大地发出感慨

人人为我　我为人人

快乐因爱的存在

聚善至真　成就大爱

慈善汇聚幸福海

让我们携起手来

高举慈善的旗帜

秉承自强不息的豪迈

无论天南地北

在需要爱的地方

发扬厚德载物之情怀

我们就是一家人

让至爱源远流长

我们就是一颗心

让慈善凝聚未来

博商慈善事业进入了有组织、有规范的新时期。

让孩子上学！

盖茨基金会因为资本雄厚，已经做到了全球慈善的高度，而博商慈善基金因为起步晚、底子薄，还是停留在做区域性慈善的阶段，且必须选定几个主要方向。由于博商会带有明显的同学组织的特征，因此，《深圳博商慈善会组织要点》第一总则第五条规定：本会主要慈善活动内容：以扶贫、助学、教育培训及协助弱势群体就业为主；活动范围以广东北部山区、湖南、江西为主。

博商慈善会每次展开慈善活动之前，都要派人进行实地考察，确保条件符合才动用善款，防止慈善活动"嫌贫爱富"。

2011年11月，深圳博商慈善会组织博商义工对连平县进行两天实地考察，确定以广东省北部连平县陂头镇分水村为首次慈善助学活动的地点。

分水村全村人口600多人，包括130多个孩子，经过镇党委及村干部的调查，共提交86份贫困学子的名单。为了公开透明扶贫到位，主管慈善工作的培源副会长11月21日上午收到贫困学生资料表后，下午就召集了考核委员会成员共同讨论筛选，并对不符合资助条件的学生资料进行了认真批复，最终选取了处于"赤贫特困"状态的62名学生作为本次活动的受资助对象。

这62名学生中包括6名大学生，18名高中生，37名中小学生，1名学前班学生。资助的额度如何考量呢？博商慈善会根据广东省教育厅的学费、生活费计算指导及当地实际情况，最终确定学前班阶段每人600元/年，义务教育阶段的资助标准：小学生为每人800元/年，高中生为每人1500元/年，大学生为每人2000元/年。

在确定资助学生名单和资助额度后，为了确保贫困学生资料的真实性、保证慈善助学款发放到真正需要帮助的学生手中，2011年11月24日，博商慈善会执行主席李培源、考核组成员秦杰、执行组成员杨忠诚、亲子组成员谭珞萍早上6点半在学校老师的陪同下再次前往分水村进行挨家挨户的资料核实。

11月26日，由石坤山会长带领的13位慈善会成员（石坤山、李培源、廖英武、郭晓林、孙立朋、邓冰、蒋英杰、聂虎、杨忠诚、代磊、刘凯、郑义林、许爱琴），连同两位南山义工联资深义工共同前往连平县分水村，进行深圳博商慈善会成立后的第一次较大规模的慈善助学执行活动。

在发放助学善款前，深圳博商慈善成员宣读了"博商慈善宣言"。

随后，深圳博商慈善会成员与贫困学生代表进行了现场交流、捐赠活动。博商慈善会执行主席李培源作为代表亲自向三水小学的谢校长进行了捐赠。连平县张常委代表连平县党委，对深圳博商慈善会捐资助学的义举表示感谢。

本次连平县分水村助学活动共资助学生62名，从博商慈善账户中支取善款69200元；李培源、郭晓林、邓冰、林丽莎各捐赠图书文具一箱，共计4箱；赵忠免费设计生产博商义工服100件，价值5500元；而三次前往连平县的吃住行费用均由参与同学自行负担，不动用善款一分一毫。

2011年11月26日，在博商深圳同学会石坤山会长、李培源和廖英武副会长带领下，博商深圳慈善会前往连平县陂头镇分水村进行"捐资助学"，首次慈善助学活动非常成功。对外打响博商慈善之名，首战告捷。

　　此次的助学资金、善款，不经过学校和村镇领导代为转交，而是由深圳博商慈善会成员亲自交到受资助学生或家长手中。同时，博商慈善还声明这些资助金用于帮助贫困学生解决学习和生活中的实际困难，促进他们健康成长，顺利完成学业。博商慈善会还会监督和抽查这些资助金的使用情况，对于将其挪作他用的资助对象将考虑取消资助资格。

　　在捐助活动中，军人出身的石坤山会长被眼前那贫困的山村和那些在贫困中仍然努力求学的孩子们感动得流下了热泪，他说："我真没想到，在经济强省广东竟然还有如此贫困的地区，还有这么多读不起书的孩子们。咱们深圳博商慈善会选定助学为主要慈善方向是十分正确的，教育是关系到中国未来的关键，只有教育才能从根本上改变贫困。"

　　博商慈善会慈善成员离开这个村子返回深圳时，乡亲们纷纷自发地到村委会送行，这让博商慈善会的所有成员都十分感动。

　　此后，博商慈善会的教育慈善活动形成了常态。

　　2012年5月，博商慈善会给梅州大埔县银江镇昆仑小学、家炳八中捐赠了博商爱心图书室各一间，捐赠图书8000余册，实现一对一帮扶贫困生32人。

　　博商慈善会在博商会副会长李培源、廖英武及博商会秘书长郑义林的组织策划下，还先后与广东狮子会、壹基金等慈善机构共同组织了众多大型教育慈善活动，每年资助贫困学生近200名。

广东狮子会是经国务院批准、在广东省民政厅登记注册的社会团体，是由社会中产阶层和专业人士所组成、致力于社会公益服务事业、以会员制方式运作的NGO组织。

　　广东狮子会于2002年4月19日成立，由时任广东省残联理事长郭德勤担任创会会长。作为新型的公益慈善服务组织，广东狮子会借鉴国际狮子会的运作管理模式，依照国家相关法律正式注册成立，具有独立的社团法人资格。广东狮子会的道德信条为"扶贫济困、热心公益；关怀疾苦、乐于助人；竭诚服务、奉献社会"。截至2012年9月，共有93支服务队，会员人数达3000多名。

　　广东狮子会秉承国际狮子会"我们服务"的座右铭，弘扬人道主义精神，鼓励会员"出钱、出力、出心、出席"，通过灵活多样的方式开展各类公益慈善服务活动，为社会弱势群体排忧解难，为政府分忧。

慈善行走出广东

　　尽管博商慈善会规定，以广东为主要活动区域，但博商人的慈善活动并没有局限在广东省内。

　　2012 年 8月18日，晴空万里，让人心情舒畅。清华总裁279班江西亲子慈善行正式拉开了序幕。此次参与的人数众多，来自20多个家庭的80多位博商人及家属，分乘16台车，前往目的地——江西省安远县鹤子镇油蔡小学和鹤子镇中心小学。

此前的 6月30日和7月1日，杨奇等279班部分同学已经先期前往捐助活动地对接、落实。他们对捐赠对象油蔡小学、鹤子镇中心小学进行了详细考察，油蔡小学只有3间危房，亟待重建校舍，但当地一直无力支付重建费用。而鹤子镇中心小学虽然是镇上条件最好的小学，但一直没有图书室、电教室等配套设置。大家与当地政府及校方代表商定了重建校舍，开设图书室、电脑室等具体事宜，并深入贫困学生家庭和敬老院，给寒门学子和孤寡老人们送去了慰问金和食品。

考察归来，279班同学在班委的带领和组织下，开始为本次亲子慈善活动募集款项、招募人员。由于前期考察细致，交流充分，两所小学糟糕的学习条件让大家非常动容，同学们纷纷慷慨解囊，很快凑集项目所需资金50余万元，其中身为鹤子镇乡贤，杨奇个人出资20余万元，博商慈善会也支出了1.85万元。

尽管之前很多同学通过图片和介绍，已经对两所学校的贫困有所了解，但当大家带着自己的孩子，坐进油菜小学残破的教室里的时候，很多同学还是被这种物质的极度匮乏震惊了。

冒着室外近40℃高温，大家一起参加了捐赠仪式。油蔡村村支书、县教育局副局长、班长蒋桢全、杨奇、廖英武副会长分别发表了讲话；蒋桢全和杨奇将用于重建油蔡小学的45万元支票交到了油蔡小学校长手中，周宏刚、冯爱辉、李霞同学代表279班接受了县政府回赠的锦旗。

随后，大家冒着大雨赶到了鹤子镇中心小学，向鹤子镇中心小学捐赠图书3466册，价值10万余元，电脑45台，价值6.1万元，书架电脑桌椅价值2万余元。在同学们的捐助下，鹤子镇中心小学的图书室、电教室等都建了起来。

捐赠仪式后，还举行了一帮一结对帮扶活动。蒋桢全、冯爱辉、李霞、杨忠诚分别与一名寒门学子结下帮扶对子，给帮扶对象送上慰问金。大雨中，279班学员的孩子们上台表演了精心准备的节目。

279班的这次亲子慈善活动，是博商慈善会首次走出广东。

此后，博商会也多次走出广东，给更多地区带去了博商人的关爱。

258班韩志舜的家乡是甘肃省会宁县，他针对自己的家乡实际情况提交了一份扶贫爱心方案。

秦磊全程组织了此次活动，韩志舜则负责对接当地。班级年度优秀小组南山组组长张国伟、班级最佳学员李红芝、班委陈楚文等作为扶贫爱心考察先行兵，到目的地实地考察。因个人原因无法参加考察的谢国友、陈志坚、吴刚、蒋英杰、杨文捷等，则纷纷表示愿意奉献自己的一份爱心。

2012年7月2日，扶贫爱心考察一行5人到达目的地。

甘肃省会宁县是闻名全国的高考状元县，但这里的自然条件非常恶劣，属于国家级贫困县。在2011年全国人均收入省份排名中，甘肃名列末尾，人均仅14989元/年，而位于会宁县东南部的党家岘乡砖井村人均收入仅有2100元/年。

砖井村距乡政府驻地4公里左右，这里山大沟深、人口分散、海拔高、气温低、无霜期短，自然条件非常恶劣。这里年平均降雨量只有300毫米左右，且季节分布不均匀；而蒸发量却高达1500～2000毫米以上。干旱缺水成为这里民众生活、生产面临的最大难题。

砖井村村长向前去考察的博商同学们介绍，村子里以前有条沟，雨季都会有流水，但若干年前这条河干涸了，遇到难得的大雨，也只能在低洼处看到一两处积水。风调雨顺之年，当地民众勉强可以通过水窖维持日常生活，但是近年来十年九旱，这里的民众和牲畜饮水常年成为一大难题。

这个村子的一眼泉水在20世纪90年代消失了，村民只能前往10里之外与翟所乡交界的一处河沟挑水。为了谋生，年轻力壮的人们不得不纷纷外出打工，留守在这里的大多是老人和孩子们。为挑回生活必需的20多斤水，无论是年迈的老人还是年幼的孩子，每天都要走十几里路。

由于严重缺水，土地贫瘠，这里的粮食产量很低，又没有其他副业经营，当地农民生活贫困。这里仅有的地下水水质差、含氟量高，人们的牙齿都是黄黄的，且引发了不少地方疾病。而且，当地妇女儿童普遍营养不良，健康状况令人担忧。当地的教育也非常落后。

无水源，水窖是唯一选择，将雨水蓄积起来，是这里村民们解决生活用水的一大途径。村民们在自家院子里建成了很多土质水窖，但因没钱硬化院子和水窖，很难蓄积到足够多的雨水，加之土质水窖容积小，蓄积的雨水远远不够一家人的生活之用。

修建一眼30立方米的高质量水窖，大约需要1.5吨水泥，加上沙子、窖盖、水管大约折合人民币4000元左右。如此高昂的费用对会宁这个国家级贫困县的老百姓来说，可谓一个天文数字。

博商同学们在砖井村小学看到，小学里的地面全是泥泞，仅有的两口水窖一口都是黄泥水，一口还算清净，但也要沉淀很长时间才可饮用。

由于缺少饮用水，学校无法做午饭给远路的学生，那些中午回家需走一小时路程的学生只能带干粮在校填饱肚子。

秦磊试了试干馍，感叹这些小孩子在发育年龄营养严重不足，李红芝把随身带的零食全分发给了他们。学校图书馆修在原来老教室的危房里，只有不到10平方米，两个书柜只放着几本书籍。同学们带去的教科书让教师们非常欣喜，小学生个个争相阅读。

了解砖井村小学饮水的实际困难后，博商同学们现场捐助，计划修建两口水窖及有利蓄水的500平方米水泥硬化地面。

前去考察的陈楚文在记述此次活动的文章中写道："（乡亲们）承受着缺水带给他们的艰辛！这里的人们徒步在山涧找水、寻水、盼水！河水断流、水井干涸、农田龟裂、吃水告急。"

在258班级会上，博商同学们发起了修建砖井村小学图书馆、为党家岘乡12个村小学建蓄水窖的倡议，大家渴望留住雨水，播种希望，收获幸福！

目前，这项爱心活动还在持续中。

行善亦需专业

要办好一个博商慈善会光有好善乐施的热心是不够的，还需要一支强有力的专业团队长期从事慈善活动。

博商慈善会下设的六个组，分别包括募款活动组、公关文宣组、项目执行组、项目执行绩效追踪组、财务组和青年及亲子活动组。

募款活动组主要通过班级 "慈善小组"举办各项慈善活动，在博商同学、博商企业中劝募善款。

公关及文宣组主要通过媒体渠道和其他慈善组织发布各项慈善活动信息，以增加博商会的社会知名度及影响力，但是始终坚持低调行事不走高调路线。

项目执行组研究并选定慈善活动项目，并负责对六个组的整体协调。

项目执行绩效追踪组负责追踪各个慈善项目的执行绩效。

财务组负责公开账目，慎用善款。

青年及亲子组负责与博商亲子俱乐部合办多项亲子活动，以便各会员携同子女参与慈善活动，从小培养孩子的慈善胸怀及关怀社会弱势群体的素养。如2012年8月，博商慈善会青年及亲子活动组组织清华总裁279班举行了江西亲子慈善行，共吸引20多个家庭80多位学员及家属参加了慈善活动。

在慈善活动中，博商会财务组遵循公开透明的原则，所有慈善支出都经过严格论证把关，审慎使用；所有账目均存放于秘书处或会员大会议决的地方，接受会员的查阅；所有账目须由注册会计师进行定期审核并刊登于博商会会刊及网站，以示公信。

在博商网上慈善财务公告中，我们看到了善款支出、存入、余额和捐款人明细，连跨行转账手续费、活期结算户息也有显示，精确到每角每分。这与很多慈善机构不敢公开账目形成了鲜明对比。

截至2012年6月21日，博商慈善基金账户还剩余16万多元善款。

2011年"郭美美事件"引发"慈善信任风暴"。随后一系列慈善丑闻被爆出，让国内慈善组织受到不同程度的冲击，部分慈善组织获得的捐款大幅下降。由于一直坚持诚信慈善、透明操作，博商会的慈善捐款却有增无减。这就是诚信、监督的力量。

为将慈善更好地进行下去，博商慈善会将慈善项目分为四个慈善级别：协助级、帮助级、捐助级、全助级。

协助级：利用博商网络（博商网、博商微博、《博商》杂志等）平台发布受困者情况，鼓励博商同学、博商企业帮助受困者。

帮助级：在博商网络平台发动慈善宣传，又通过手机平台向博商同学群发短信息宣传，同时指派慈善会具体工作人员参与跟踪。博商同学给深圳观澜华阳特殊儿童康复中心送温暖，就是通过班级 "慈善小组"组织的帮助级捐助。

捐助级：通过博商会全部自有网络平台发布慈善情况，由博商慈善委员会组织通过各种有效手段向同学宣传，制订专门方案，举办募捐活动，调拨专项资金完成捐助。博商慈善会对广东省北部连平县陂头镇分水村进行的首次慈善助学活动，就属于"捐助级"的慈善项目。

全助级：在博商慈善会所有可利用的自有媒体、社会全媒体宣传资源进行慈善总动员宣传，调拨专项资金，举办大型的募捐活动，由全体慈善委员会成员向博商同学、博商企业及社会各界人士作宣传动员，增强慈善活动规模和社会影响力。

博商会副会长郭晓林是深圳狮子会的一名骨干，他觉得，博商慈善会可以与狮子会进行适当结合，以发挥更大的作用。在郭晓林的积极撮合下，博商慈善会正在与深圳狮子会商讨合作成立深圳狮子会博商精英服务队。他希望借鉴有近百年历史的狮子会的经验，整合更多资源，在博商会的慈善事业里另辟蹊径。届时，博商会将成为国内外所有类似同学会的机构里第一个进入狮子会的机构。

书为媒，播种爱

继深圳博商慈善会在连平县陂头镇分水村捐赠助学善款活动后，慈善会成员们开会讨论总结经验，认为博商的慈善理念和行为应该是更积极的、有创新性的、有影响力的，大家一致认为捐赠博商爱心图书室这一形式，可以更好地从精神层面上满足贫困山区孩子和老师们的需求，让更多的师生收益，传播博商慈善大爱。

为筹建博商爱心图书室，慈善委员会在第二届第一次理事大会上发起了慈善拍卖义卖活动。国学二班黄奕德主持了这次拍卖会，此次活动得到了博商会理事成员的大力支持，李培源、赵忠、廖英武、郭晓林、蒋桢全、邓冰、高波、谭珞萍、洪得志、黄奕德等企业家捐赠了义卖及拍卖品；王肃、赵盛宇、赵乐群、胡继凤、廖英武、陈万强、张荣、杨忠诚同学在拍卖环节慷慨奉献，269班刘建川以全场最高10万元拍得唐卡一幅并赠予同学会。此次慈善拍卖义卖共筹集善款29万元整，所得悉数归入慈善会账户，用于捐资助学等慈善工作。

随后，博商慈善会各成员就投入了积极的准备工作中，大家进行了简单分工，有的选购图书、书架，有的设计图书室室内布置，有的与目标地区沟通、选取适合的学校、与目标学校沟通配合等，倾注了满满的博商爱心。

最终，博商慈善会选取了广东连平县三角镇中心小学进行爱心图书室的捐赠。

三角镇中心小学现有教学班14个，学生500多人，教师38人，学校还没有图书室和阅览室。经过县团委的推荐和深圳博商慈善会的考核，决定选取这个学校作为第一间深圳博商爱心图书室的设立点。

博商会负责慈善项目的秘书许爱琴用感人的笔触记录了此次捐赠：

2011年12月23日清晨7点半，博商会所在地——深圳科技园内还只有零散稀松的几个行人，而篮球场旁已经汇集了一群人，他们在繁忙的年末放下手头的工作，天刚蒙蒙亮就起床出门了，在凛冽的寒风中汇聚在一起，只为了那些期待的眼神，只为了给那些贫困山区的孩子们送去图书，只为了履行一个企业家应当担负的社会责任，只为了展现新一代儒商——博商人的情怀与境界。

这是短短的两个月时间里，深圳博商慈善会成员们第四次奔赴广东河源市连平县，对于这条道路大家都已驾轻就熟，经过三个半小时的车程，博商慈善会成员们抵达了连平县三角镇中心小学。

博商慈善会的成员们到达时，全校师生已经整齐地列队在学校操场上欢迎了。简单而隆重的仪式在教学楼前举办，连平县团委副书记曹美丽对深圳博商慈善会再次选取连平作为慈善捐助地点表示感谢。

深圳博商慈善会主席石坤山在讲话中说："少年智则中国智，少年强则中国强。我们这是给大家送精神财富来了，希望孩子们早日成才，为国家和社会作出贡献！"

此次，博商慈善会捐赠的是整个图书室的装备，2140册图书、配套桌椅、书架等等，书籍中有一部分是关于教师教育教学及农业技术方面的。博商慈善会希望，这个图书室不但要成为孩子们的精神乐园，也希望能为山区教师和农民朋友们提供帮助。

石坤山会长代表深圳博商慈善会，向三角镇中心小学曾明山校长捐赠了"博商爱心图书室"牌匾，深圳博商慈善会执行主席李培源向该校捐赠了《博商》杂志和《新博商精神》等书籍。

深圳博商慈善会与光明日报社合作的"送光明"慈善活动也已选定三角镇中心小学为送报学校，定期将《光明日报》及光明日报社其他报刊、书籍送往三角镇中心小学。

许爱琴写道："看着明亮的阅览室，崭新的图书与桌椅，激励人心的标语，慈善会成员与孩子们一样满心欣喜。李会长拿出自己亲手绘图设计的可爱装饰画，与孩子们一起布置属于自己的图书室。满屋子的图书让孩子们迫不及待地纷纷拿起、仔细阅读，恨不能一时间将书中的营养全部吸收，慈善会成员们也亲切地和孩子们交流起来。"

三角镇中心小学图书室捐赠是深圳博商爱心慈善会图书室捐赠之路的开始，博商慈善会计划在更多学校捐赠，使这种爱心图书室达到百个，让更多人感受到博商慈善的大爱无疆。

2011年12月23日，在博商深圳同学会石坤山会长、李培源和廖英武副会长带领下，博商深圳慈善会再次奔赴连平县，对三角镇新丽宝中心小学进行"博商图书馆"的捐助活动。博商深圳慈善会硕果不断，在粤北连平县留下了"爱"的足迹。

商界理想国

捐赠清单

1．购买图书2140册，花费20000元

2．购买书架10件，花费6500元

3．阅览桌6张，花费1800元

4．阅览凳24张，花费1440元

5．报纸架1张，花费220元

6．阅览室招牌1件，花费425元

7．书籍印章1枚，花费20元

合计：30405元

（油费、过路费、餐费及慈善活动中产生的其他费用均由深圳博商慈善会参与活动人员自行支付承担。）

"慈善"二字，一个字下面是"心"，一个字下面是"口"，这意味着做慈善首先要用心，只有用心去做，真心实意地做，才能将慈善做到位；其次，还要将所做的善行更多地传播出去，让更多人知道，以促成全民慈善的局面。

在这点上，博商会的同学们都做得非常好。他们虽然大都是身价不菲，在自己的企业里管理着数百、数万名员工的老板，但在面对那些需要帮助的孩子、老人等贫困人群的时候，他们能从繁忙的工作中抽身出来，或自驾车几个小时，或乘坐各种交通工具往返数千里，只为将自己的爱心

奉献给他们。有的博商人对这些贫困儿童、老人一掷千金，一次捐助就达几十万元；有的博商人在自己企业经营困难的时候，也拿出了数千元。无论这些博商人付出的财力、物力是多是少，但他们有一点是相同的——他们都付出了真心真情，这是他们发自内心的举动。

短短几年时间，博商人自发和有组织地开展了数百场次慈善活动，捐助了上千人，捐助金额数百万元，参与捐助、关爱活动的博商人达数千人次。博商人真正做到了用心去做慈善。

略显遗憾的是，博商人非常低调，对于自己所做的慈善、公益活动并没作适当宣传。这是博商人的优点，值得肯定。但是，在当前的中国社会环境里，慈善、公益尚属于紧缺要素，公益、慈善又面临诸多质疑，更多企业家、个人和群体还没有将参与公益、慈善作为日常的必不可少的活动，在这种情况下，如果博商人适当传播所做的公益、慈善，尤其是将博商慈善会对于善款使用的严格监管等成功经验更多地传播，就会更加有利于在中国营造公益、慈善的良好环境。毕竟，慈善二字的"善"字下面是个口，只做不说，也是不利于慈善精神发扬的。

2012 年，博商同学会聚集了包括深圳、广州、东莞以及外省市的万家企业，以及 7000 多名核心会员。短短两年左右的时间，博商会从无到有，发展迅速，成为华南地区甚至全国首屈一指的企业家商务、学习、沟通平台，形成了一个新的企业家集群组织。

杨梅同学在《博商之歌》里描述博商会的远大理想：博商会以博学成就大业，汇聚儒商群雄共同为振兴民族工业、振兴中华而努力。

这在一定程度上表达了博商会的发展目标和博商人的追求。

后记

世界的博商

构建商界理想国

显然，博商会要在商业层面协助博商会企业继续成功，成就更大的商业价值；要制订新的商业规则，构建新型商业文明；此外，还要在精神层面，成为博商会企业家们的心灵家园。总之，博商会要在物质上为企业家会员们创造更大的价值，获得更大的成功；还要在精神上让企业家会员们得到满足。

作为博商会秘书长，郑义林对博商会的未

来进行了长期而深入的思考，他在一篇文章中，对博商会的功能和定位进行了如下清晰的描述：

蓝图一：建立博商商业文明圈

所谓"商业文明圈"，是指在博商会内部建立一种商业生态文明，在圈内创建商业文明规则，促进圈内上下游产业链的低成本整合，同时兼顾企业与社会、企业与生态环境之间的和谐。

要实现博商商业文明圈的建设，必须要实现以下要素：

第一，建立新的商业文明规则。在博商会内部，创建新的商业文明规则，并使之成为信条，成为权威，成为信念，成为"博商文化"，所有博商人都要遵守，不认同的将会自行离开，或者被淘汰出圈。

第二，建立低成本资源整合平台。新的商业文明规则，为建立低成本资源整合平台创造前提条件。所谓低成本资源整合平台，指的是博商上下游或相关产业链上的企业，可以在规则内，低成本实现资源（包括社会资源、经济资源、技术资源和人才资源等）的整合，同时，也可以实现低成本交易，减少中间环节的成本，减少营销所支付的巨大开支。

第三，建立供应链管理系统。博商有近7000家企业，年总产值近4000亿人民币，接近于广东东莞市一年的GDP，如此巨大的企业集群，如能建立集中供应链管理系统，将会产生巨大的经济效益。

第四，建立诚信交易与监督体系。在博商会内部，建立诚信交易机制，并成立监督管理委员会，违背规则、不守诚信的，将被列入黑名单并淘汰出圈。

第五，倡导企业与社会和生态环境的和谐。博商企业，不能做黑心企业，不能生产黑心产品，不能破坏生态环境。在博商，我们倡导企业树立良好的社会形象，保护生态环境，并把它变成一种组织文化和价值观。

蓝图二：成为博商企业家一站式的服务平台

所谓"一站式的服务平台"，是指博商企业家，可以通过博商平台，获得一站式的服务，包括个人、家庭和企业。博商未来将整合内部和外部资源，为博商企业家提供包括健康养生、子女教育、员工成长、人脉与关系、投融资、商务合作、智慧共享、艺术情操等方面的一站式服务。

蓝图三：成为博商企业家心灵的港湾

所谓"心灵的港湾"，是从心灵层面，为博商企业家从成功走向幸福架起一座桥梁。这里包括心灵的修炼，提供心灵方面的成长教育和实践，终身学习平台的建立，以及高端圈子的打造，让价值观相近的人在一起，分享人生的酸甜苦辣。

危机时代愈显重要

现阶段，欧债危机阴霾不散、美国频出量化宽松政策、股市震荡、持续通胀、自然灾难频发、局部地区军事冲突接连不断等全球性危机，都会影响国内中小企业的生产经营。全球经济增长速度趋缓，极大影响中国制造产业的发展，像纺织服装、加工制造等劳动密集型产业陆续停产、歇业者不计其数。

博商会里有大批的加工制造型中小企业，如果大量中小企业不能熬过危机，博商会就失去存在的基础。

面对突如其来的全球性危机，博商会的作用将更加突出。博商会可以深入整合中小企业资源，依靠博商企业的集体智慧和力量共同寻求危机中的商机，以迎接全球性危机的反复洗礼。

2008年金融危机中，上海宝山区工商联温州商会采用五大手段，让商会成员"抱团过冬"。第一，搭建银企对接平台，帮助会员企业解决融资问题。第二，开通政企沟通渠道，争取政策上的扶植。第三，搭建市场信息发布平台，撮合内部交易。第四，优化培训课程，指导企业在新形势下如何规避经营风险。第五，组织会员履行社会责任，帮助企业赢得广大客户和社会尊重。

与温州商会相比，博商会既有融资平台也有信息发布平台，还有培训平台和慈善平台。博商会唯一薄弱的环节，当数政企沟通渠道的建设了。因为博商会同学大都是民营企业家出身，很少有从政经历，所以博商会在政企沟通渠道上，可用资源比较少。

目前，世界各国商会与政府的关系大体上有三种：与政府合作型，如法国与德国的商会，都与政府有深入合作，共同促进企业发展；市场主导型，商会自己发展，完全市场化操作；混合型，既寻求政府合作又坚持以市场为主导。

博商会部分理事认为，博商会与政府不能走得太近，也不能完全不要，博商会要以市场经济为主导，接受政府指导，并适时向政府提出一些有高度有深度的发展建议。这是适合中国国情的发展策略。

此外，每个产业都有生命周期，博商会里的很多企业都面临着产业转型、升级的现实问题，即使目前正处于黄金发展期的LED产业，10年后也可能会迎来衰退期。因此，如果博商会不能有效帮助会员企业渡过产业周期威胁，将对博商会的持续发展带来负面影响。

在此背景下，博商管理科学研究院的角色将更加重要。

显然，博商会承载了太多沉重的职责，其服务与创新能力也需要持续提升，否则很难适应未来的迅猛发展。

做好三大基础工程

博商会如何有效整合资源，发挥更大效益？持续建设和改进三大基础工程非常必要：

其一是会员内部数据库系统。博商会很早就应用了管理软件。该数据库的会员管理模块，记录博商会所有会员个人和企业的详尽资料，包括信用记录等，通过这个模块，可以查询到学员的详细个人信息、班主任、在班级的表现、所在公司、在公司担任的职位等。该软件还按照行业，将会员们分成了几十个行业类别。

最重要的是，该数据库还有会员供需信息管理系统，会员可以在上面发布买地、办公室出租、配件销售等各种供需信息，构成供需资源库。博商会的专职秘书则可以跟进服务。该数据库里还有合作机构模块，记录有包括博商卡、外部行业协会商会等的对接人、与外部各个机构合作的内容、具体条款、合作记录，同学评价等重要信息。

博商会的这个数据库系统将会是博商会最重要的资产，是博商会的核心价值所在，也是博商会为会员们提供优质服务的基础。

其二是手机APP系统。博商会秘书处委托深圳科技园一家专门做软件的海归公司，为博商会专门开发了一套APP系统，这个软件有定位功能，可以搜索附近的博商会会员，可以发布新闻、广告等。未来博商会的所有同学都可以在苹果软件商店里免费下载。这个系统一旦大规模使用，就可以代替目前的短信沟通方式，将大大提升秘书处、同学之间的互动功能。

其三是博商网。借鉴阿里巴巴的 B2B 成功模式，博商网可努力发展成为中国一个重要的电子商务平台，在时机成熟时，可以开发国际站，提供英文版、俄语版、日文版等多国语言版。

在博商会各大行业交流会、展会、商务活动中，博商网之前已经充当了很好的信息交流平台、广告发布平台、交易平台和成果总结平台。目前，博商网正在改版，未来，博商网将成为一个博商企业之间资源整合的电子商务平台。现在，博商会正在帮助同学们在博商网上建商铺。

目前，博商网上的供求信息还不是很丰富，但随着博商会影响力不断提升，博商网发挥的作用将越来越大。未来，当博商会的会员达到10万名，博商网上的企业数量达到10万之巨，将创造出新型的"博商经济圈"，届时，博商网或许将成为中国另一个拥有庞大交易量、活跃会员量的电子商务平台。

全球视野下的博商未来

博商会虽然发源于深圳，但注定要走向全国甚至全世界。

博商会不仅要坚守国内阵地，还要尝试像广东电脑商会那样到国外谋求发展。

2009年4月，广东电脑商会会长陈芝华曾经组织一批商会企业"走出去"赴阿联酋阿基曼自由贸易区进行考察。最终，广东电脑商会会员企业斥资6亿元，打造了中东中国商品采购中心，这是目前阿联酋地区规模最大，同时也是唯一一个由中国企业控股并直接管理的大型商业地产项目。

博商会拥有这么多中小企业资源，通过组建海外中国商品采购中心，既可以将博商企业的产品销往海外，增加博商企业的创汇营收，同时又能提高博商会在全球的影响力和生命力。

博商会才只有短短两年多的发展历史，其发展势头之迅猛令人瞩目，这是合作共赢时代的必然，更是博商人共同努力的结果。博商人不只是一群老板，更是一群有远大理想的企业家。因此，虽然创建新的商业文明、构建商界理想国之路任重道远，但是，我们有理由、有信心相信，这个新商业文明一定会来到，这个商界理想国一定会实现。

博者，精也、广也，大者无边。商者，非天、非地，实为人也，人者为中。

唯博学贯通，才能商行天下。

附录

奔向理想国

——博商同学会会歌

作词　苏拉
作曲　积木鱼

悠悠北国水木清华

映着南方烂漫紫荆花

厚德载物源远流长

博学贯通商行天下

风雨无阻迎来朝霞

并肩携手让世界变化

生命澎湃理想浪花

迈开自由坚定步伐

让我们奔向理想国

让我们同唱这首歌

快乐奉献勇敢开拓

分享所有美好的时刻

让我们奔向理想国

让我们同唱这首歌

博商情怀比天地辽阔

创造无限精彩的生活

图书在版编目（CIP）数据

商界理想国 / 程东升，郑义林，郭晓林著. — 杭
州：浙江大学出版社，2013.1（2013.2重印）
ISBN 978-7-308-10861-4

Ⅰ．①商… Ⅱ．①程… ②郑… ③郭… Ⅲ．①商
会—概况—深圳市—现代 Ⅳ．①F727.653

中国版本图书馆CIP数据核字(2012)第286692号

商界理想国

程东升　郑义林　郭晓林　著

策　划　者　蓝狮子财经出版中心
责任编辑　黄兆宁
出版发行　浙江大学出版社
　　　　　（杭州市天目山路148号　　邮政编码　310007）
　　　　　（网址：http://www.zjupress.com）
排　　版　杭州林智广告有限公司
印　　刷　浙江印刷集团有限公司
开　　本　710mm×1000mm　1/16
印　　张　13
字　　数　133千
版 印 次　2013年1月第1版　2013年2月第2次印刷
书　　号　ISBN 978-7-308-10861-4
定　　价　36.00 元

浙江大学出版社发行部邮购电话　（0571）88925591